Muttersprache plus

Arbeitsheft 9

Erarbeitet von
Ronny Geerken
Iris Marko
Viola Oehme
Antje Pechau
Petra Schön

VOLK UND WISSEN

Zu diesem Arbeitsheft gibt es ein passendes Schülerbuch (ISBN 978-3-06-062989-3).

Redaktion: Gabriella Wenzel, Karin Unfried
Bildbeschaffung: Angelika Wagener
Illustration: Miriam Elze, Hamburg
Umschlaggestaltung: werkstatt für gebrauchsgrafik, Berlin
Umschlagillustration: Dorothee Mahnkopf, Diez a. d. Lahn
Layout und technische Umsetzung: Ines Schiffel, Berlin; Klein & Halm Grafikdesign, Berlin (nach Entwürfen von Farnschläder & Mahlstedt, Hamburg)

Autor, Autorinnen und Redaktion danken Bernd Skibitzki für wertvolle Anregungen und praktische Hinweise bei der Entwicklung des Manuskripts.

Quellenangaben:
Texte: 10 Koch, Erwin: Wen man … Aus: http://www.aphorismen.de [06.12.2012]. **15 f.** Als ich aufwache … Aus: Collins, Suzanne: Die Tribute von Panem: Tödliche Spiele. Deutsch von Sylke Hachmeister und Peter Klöss. Hamburg: Verlag Friedrich Oetinger, 2009, S. 7–12. **27 f.** Die geheime Physik des Fußballs. Aus: Welt der Wunder 6/2012, S. 46–47. **39** Roth, Eugen: Der eingebildete Kranke. Aus: E. R.: Sämtliche Werke. Zweiter Band. München, Wien: Carl Hanser Verlag, 1977, S. 85. **52** Sachsen-Anhalt gehört … Aus: Landesmarketing Sachsen-Anhalt GmbH (Hrsg.): Blaues Band: Wassertourismus in Sachsen-Anhalt. Magdeburg, 2006, S. 2. **55** Hesse, Hermann: September. Aus: H. H.: Gesammelte Schriften. Fünfter Band. Frankfurt am Main: Suhrkamp Verlag, 1987, S. 722–723. **67** Sick, Bastian: Wo lebt Gott eigentlich heute? Aus: www.bastiansick.de [15.06.2015]. **68** Es waren einmal … Aus: Sick, Bastian: Die traurige Geschichte von drei englischen Ladys. In: Der Dativ ist dem Genitiv sein Tod. Ein Wegweiser durch den Irrgarten der deutschen Sprache. Köln: Kiepenheuer & Witsch, 2004, S. 37. **69** Gmäeß eneir Sutide … Aus: Sick, Bastian: Das Elend mit dem Binde-Strich. In: Der Dativ ist dem Genitiv sein Tod. Ein Wegweiser durch den Irrgarten der deutschen Sprache. Köln: Kiepenheuer & Witsch, 2004, S. 73.

Fotos: 5 © Hal Brindlev – Fotolia.com **7** picture alliance/dpa, Frankfurt a. M. **15** *Buchcover* (Die Tribute von Panem): Oetinger Verlag, Hamburg 2009 **21** © lookphotos/Ellerhorst, Axel **26** © action press / NASA **27** © adidas **28 Grafiken** Aus: Welt der Wunder 06/2012, S. 46–47, Bauer Media Group © adidas **29** picture alliance/GES-Sportfoto, Frankfurt a. M. **35** Thomas Schulz, Teupitz **41** © thaut Images – Fotolia.com **43** © Otto Durst – Fotolia.com **46** © BildPix.de – Fotolia.com **47** picture alliance/ZB, Frankfurt a. M. **51** Thomas Schulz, Teupitz **52** picture alliance/ZB/euroluftbild.de, Frankfurt a. M. **53** © Petra Beerhalter – Fotolia.com **56** Klassik Stiftung Weimar **60** © ArTo – Fotolia.com **64** © Digitalpress – Fotolia.com **66** picture-alliance/DPPI Media **70** © bramgino – Fotolia.com **73** © Warren Miller – Fotolia.com **76** © alinamd – Fotolia.com **77** © Guido Grochowski – Fotolia.com **78** © Sandra Brunsch – Fotolia.com

www.cornelsen.de

1. Auflage, 4. Druck 2022

Alle Drucke dieser Auflage sind inhaltlich unverändert und
können im Unterricht nebeneinander verwendet werden.

Druck: Athesiadruck GmbH

ISBN 978-3-06-062995-4

PEFC
PEFC/18-31-166

PEFC zertifiziert
Dieses Produkt stammt aus nachhaltig bewirtschafteten Wäldern und kontrollierten Quellen.

www.pefc.de

Inhalt

Zuhören, Sprechen, Schreiben, Lesen

Schritt für Schritt: Wort – Satz – Text

Gespräche führen

! Besonders wichtig für das Gelingen eines Gesprächs ist die Berücksichtigung der
- **Sachebene** (Was ist der Inhalt des Gesprächs? Um welche Sache geht es?) und der
- **Beziehungsebene** (Wer ist am Gespräch beteiligt? In welchem Verhältnis stehen die Gesprächspartner zueinander? Wie verhalten sich Sprecher und Zuhörer?).

1

a Beschreibe jeweils die Sach- und Beziehungsebene der folgenden Aussagen sowie ihre Funktion. Trage deine Ergebnisse in die Tabelle ein.

1 „Räume bitte dein Zimmer auf, bevor du deine Freunde triffst."
2 „Ich habe mein Bio-Buch vergessen! Lass mich gefälligst mit bei dir hineinschauen!"
3 „Wie hoch sind die Chancen, dass ich nach der Ausbildung in Ihrer Firma übernommen werde?"
4 „Wir haben schon drei Hausaufgaben zu morgen auf! Müssen Sie uns denn da auch noch eine aufdrücken?"
5 „Entschuldigung, könnten Sie mir bitte sagen, wie ich in die Mozartstraße komme?"

	Sachebene	Beziehungsebene	Funktion (Ziel) der Äußerung
1	Ordnung im Zimmer	Elternteil – Kind, sachlich bestimmt, familiär vertraut	Handlung auslösen:
2			
3			
4			
5			

b Zwei der Aussagen sind unangemessen formuliert und könnten sich negativ auf das Ziel der Äußerung auswirken. Formuliere die Aussagen angemessen und schreibe sie in dein Heft.

!

Sachfragen sind meist als ***W*-Fragen** formuliert und können entsprechend dem Kenntnisstand beantwortet werden, z. B.:
Welche Auswirkungen hat die globale Erwärmung auf unser Klima?
Problemfragen erfordern ein Nachdenken und Abwägen, eventuell auch eine Diskussion und Meinungsbildung. Sie sind meist als **Entscheidungsfragen** formuliert, die mit Ja oder Nein zu beantworten sind, z. B.:
Hat die globale Erwärmung Auswirkungen auf unser Klima?

Sach- und Problemfragen unterscheiden

2 Kreuze jeweils an, ob es sich um eine Sach- (**S**) oder Problemfrage (**P**) handelt.

Frage	S	P
1 Wodurch wird die Niederschlagsmenge beeinflusst?	X	
2 Welche Folgen hätte ein Temperaturanstieg für Polartiere?		
3 Sollte jeder einen Beitrag zum Umweltschutz leisten?		
4 Was sind die Ursachen für Klimaänderungen?		
5 Warum fürchten viele Menschen die globale Erwärmung?		
6 Informieren die Medien ausreichend über Erfolge beim Klimaschutz?		

3

a Lies die Interviewantworten und formuliere passende Fragen.

Frage: Wo leben Eisbären? ☐ S ☐ P

Antwort: Eisbären leben in den nördlichen Polarregionen.

Frage: ______________________________

______________________________ ☐ S ☐ P

Antwort: Ja, aber nur, wenn dort artgerechte Gehege vorhanden sind. Allerdings wäre es mir lieber, sie würden in Freiheit leben statt im Zoo.

Frage: ______________________________

______________________________ ☐ S ☐ P

Antwort: Eisbären ernähren sich hauptsächlich von Robben. Sie können aber auch Seetang und Seegras fressen.

Frage: ______________________________

______________________________ ☐ S ☐ P

Antwort: Man könnte es versuchen, aber trotzdem bleiben sie gefährliche Raubtiere. Meine Antwort lautet deswegen: Nein; einen Eisbär kann man nicht zähmen.

b Kreuze jeweils an, ob es sich um eine Sach- (**S**) oder Problemfrage (**P**) handelt.

Diskussionen führen

!

Diskussionsbeiträge können verschiedene **Funktionen** haben.
Ein **Diskussionsbeitrag zu einer Problemfrage** dient vor allem dem Meinungsaustausch und der Meinungsbildung. Dazu stellt man seinen eigenen **Standpunkt** dar und begründet ihn durch **Argumente (Begründungen + Beispiele)**. Ist man noch unentschieden, kann man auch Pro- und Kontra-Argumente vortragen. Wenn möglich, sollte man abschließend seinen Standpunkt zusammenfassen und gegebenenfalls Vorschläge oder Schlussfolgerungen ableiten.
Ein **Diskussionsbeitrag zu einer Sachfrage** dient vor allem dem Austausch von Informationen zur Beantwortung der Sachfrage, d. h., man trägt Fakten, Daten, Beispiele und eventuell Zitate zum Thema vor. Abschließend sollte man eine Zusammenfassung formulieren, z. B.:

Daran kann man erkennen, dass ... *Insgesamt sieht man also ...*
Abschließend lässt sich feststellen, ... *Zusammenfassend zeigt sich ...*

1 Lies folgende Diskussionsbeiträge zum Thema „Jugendkriminalität" und verbinde sie mit dem jeweils passenden Merkmal.

1 Jugendliche begehen vor allem Bagatelldelikte, die leicht aufzuklären sind, weil sie von unprofessionellen Tätern begangen werden.

2 Von härteren Strafen halte ich nichts! Man sollte sich stattdessen darauf konzentrieren, Straftaten im Vorfeld zu verhindern.

3 Einerseits mag es sein, dass mehr Jugendliche angezeigt werden. Andererseits muss das aber nicht heißen, dass die Jugend immer krimineller wird. Vielleicht geht man heutzutage nur schneller zur Polizei oder schaltet gleich einen Anwalt ein.

4 Bereits Shakespeare schrieb: „Ich wollte, es gäbe gar kein Alter zwischen 10 und 23, oder die jungen Leute verschliefen die ganze Zeit; denn dazwischen ist nichts, als den Dirnen Kinder schaffen, die Alten ärgern, stehlen und balgen."

5 Die Zahl tatverdächtiger Jugendlicher ist von 2010 zu 2011 um 7,3 % gesunken.

A Es wird ein Standpunkt bezogen.

B Anhand von Daten wird ein Fakt präsentiert.

C Es werden Fakten vorgetragen.

D Pro- und Kontra-Argumente werden abgewogen.

E Es wird mit einem Zitat argumentiert.

2 Diskutiert die Frage „Sollten kriminelle Jugendliche härter bestraft werden?“.

a Bestimme, um was für eine Frage es sich handelt, und kreuze an.

☐ Sachfrage ☐ Problemfrage

b Formuliere zwei unterschiedliche Standpunkte zur Fragestellung.

Standpunkt 1: ____________________

____

____

Standpunkt 2: ____________________

____

____

Argumente untersuchen

c Lies die folgende Diskussion zur Frage und entscheide, welche der Aussagen Argumente enthalten. Unterstreiche die Begründungen und Beispiele mit unterschiedlichen Farben.

A Ich bin ganz klar für härtere Strafen, denn es ist wichtig, die Folgen des eigenen Handelns zu erfahren. Das ist wie bei einem Kind, das auf die Herdplatte fasst. Es verbrennt sich die Finger und lernt daraus.

B Ich bin da anderer Ansicht. Die vorhandenen Strafen sind ausreichend, aber sie müssen schneller umgesetzt werden. Es vergehen doch heute Monate, wenn nicht gar Jahre zwischen Verbrechen und Strafe. Das ist so, als würde ein fünfjähriges Kind auf die Herdplatte fassen und wenn es acht ist, schmerzen erst die Finger. Das bringt nichts.

A Da gebe ich Ihnen Recht. Aber man darf auch nicht vergessen, dass härtere Strafen eine abschreckende Wirkung haben.

B Das wage ich zu bezweifeln. Höhere Strafen schrecken nicht ab. Nehmen Sie zum Beispiel die Todesstrafe. Statistische Untersuchungen zeigen, dass von ihr keine abschreckende Wirkung ausgeht.

A Ach, nun kommen Sie mir doch nicht mit Statistiken. Jeder vernünftige Mensch weiß doch, dass an denen so lange gedreht wird, bis sie das gewünschte Ergebnis zeigen.

Argumente formulieren

d Formuliere Äußerungen aus Aufgabe 2 c (S. 7), die keine Argumente enthalten, in der Weise um, dass Begründungen und Beispiele angeführt werden.

e Markiere in deinen Argumenten aus Aufgabe 2 d die Begründungen und Beispiele.

f Sammle Informationen zum Thema und formuliere weitere Pro- und Kontra-Argumente zur Frage „Sollten kriminelle Jugendliche härter bestraft werden?“.

	Begründung	**Beispiel**
Pro		
Kontra		

Einen Diskussionsbeitrag vorbereiten

3 Bereite selbst einen Diskussionsbeitrag vor.

a Lies zuerst die folgenden Fragen und kreuze jeweils an, ob es sich um eine Sach- (**S**) oder eine Problemfrage (**P**) handelt.

Frage	S	P
1 Ist der Warnschussarrest für Jugendliche eine sinnvolle Maßnahme?		
2 Welchen Einfluss haben kriminelle Handlungen während der Jugendzeit auf das spätere Erwachsenenleben?		
3 Wie wird in den Medien über Jugendkriminalität berichtet?		
4 Sollten die Eltern junger Krimineller stärker zur Verantwortung gezogen werden?		
5 Wird die Jugend immer brutaler?		

●●● **b** Wähle eine Frage aus und bereite in deinem Heft einen Diskussionsbeitrag vor.

c Wähle eine Frage aus und bereite deinen Diskussionsbeitrag vor. Nutze bei Bedarf die Aufgaben d bis g.

● **d** Beschäftige dich gründlich mit dem Thema und sammle Informationen. Fertige gegebenenfalls in deinem Heft Exzerpte an und notiere geeignete Zitate.

TIPP
Verwende direkte und indirekte Zitate.

● **e** Hast du eine Problemfrage gewählt, dann formuliere deine Meinung bzw. deinen Standpunkt und deine Argumente. Hast du eine Sachfrage gewählt, so formuliere die Antworten auf die Frage. Arbeite in deinem Heft.

● **f** Ordne deine Argumente oder Fakten sinnvoll.

● **g** Formuliere deinen Diskussionsbeitrag. Fasse am Schluss alles zusammen und leite eventuell Schlussfolgerungen ab.

4 Einigt euch in der Klasse, welche Frage diskutiert werden soll, und führt eine Klassendiskussion durch. Bestimmt einen Diskussionsleiter und bereitet entsprechende Diskussionsbeiträge vor.

Schriftlich erörtern

Kontroverse (dialektische) Erörterungen schreiben

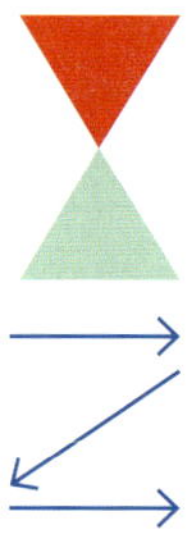

!

Eine **kontroverse (dialektische) Erörterung** sollte folgende **Bestandteile** aufweisen:
- Einleitung: Thema nennen, Problem beschreiben, Interesse wecken
- Hauptteil: Pro- und Kontra-Argumente abwägen
- Schluss: Gesagtes zusammenfassen, Schlussfolgerungen nennen

Eine Möglichkeit zur **Gliederung des Hauptteils** ist die Gegenüberstellung der Argumente **im Block**. Dabei beginnt man mit der Gegenposition und ordnet die Argumente vom wichtigsten absteigend. Dann ordnet man die Argumente der eigenen Position vom unwichtigsten aufsteigend.
Eine zweite Möglichkeit zur Gliederung des Hauptteils einer kontroversen Erörterung ist die Verbindung der Kontra- mit den Pro-Argumenten **im Wechsel**.

1 Setze dich erörternd mit folgender Aussage auseinander.

Wen man im Griff behalten wollte, den hat man früher in Ketten gelegt.
Heute genügt dazu ein Handy.

Erwin Koch (*1932), deutscher Aphoristiker

a Kreuze das Thema dieser Aussage an.

☐ Handys statt Kettenschmuck

☐ Handys als Kontroll- und Überwachungsinstrument

☐ Handys als Hilfsmittel bei der Aufklärung von Straftaten

Ein Problem formulieren

b Formuliere das Problem, auf das die Aussage hinweist, als Entscheidungsfrage.

____

____

____

Standpunkte formulieren

c Formuliere zwei unterschiedliche Standpunkte zur Fragestellung.

Standpunkt 1: pro (für) ____________________

____

____

Standpunkt 2: kontra (gegen) ________________

____

____

Argumente sammeln

d Sammle stichpunktartig Pro- und Kontra-Argumente.

Pro	Kontra

2 Schreibe den Entwurf einer kontroversen Erörterung in dein Heft.

Sich eine Meinung bilden

a Entscheide dich für einen Standpunkt.

Argumente ordnen

b Ordne die Pro- und Kontra-Argumente aus Aufgabe 1 d nun jeweils nach ihrer Wichtigkeit von 1 (sehr wichtig) bis 4 (weniger wichtig). Schreibe die Zahlen in die Kreise.

Einen Entwurf schreiben

TIPP
Berücksichtige jeweils die Hinweise im Merkkasten auf S. 10.

c Formuliere in wenigen Sätzen eine Einleitung.

d Entwirf den Hauptteil der Erörterung. Ordne die Argumente im Block an.

e Formuliere den Schluss deiner Erörterung.

3

a Ordne deine Pro- und Kontra-Argumente aus Aufgabe 1 d sinnvoll im Wechsel an. Trage dazu die Zahlen in die Kreise ein.

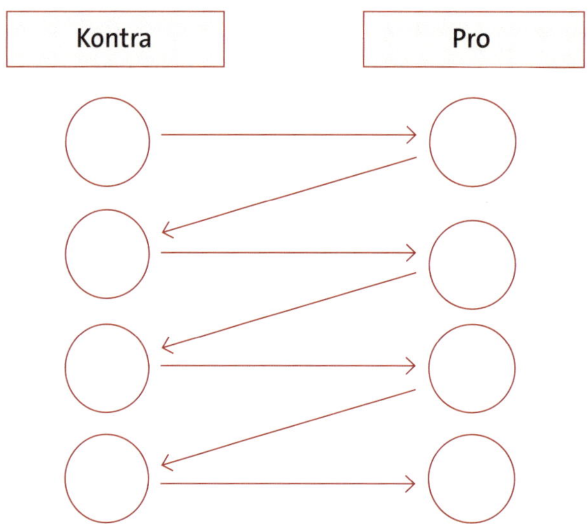

b Entwirf den Hauptteil erneut. Ordne die Argumente nun im Wechsel an.

4

a Vergleiche deine Entwürfe und beurteile, welche Anordnung der Argumente (im Block oder im Wechsel) dir sinnvoller erscheint bzw. leichter fällt.

Den Entwurf überarbeiten

b Entscheide dich für einen deiner beiden Entwürfe und überarbeite ihn mithilfe der folgenden Checkliste. Hake ab, was du überprüft hast.

1. Warum soll dieses Problem (diese Frage) erörtert werden? ☐
2. Welche Absicht verfolgt der Text? ☐
3. An wen richtet sich der Text (wer wird/soll ihn lesen)? ☐
4. Ist der Text sinnvoll gegliedert (Einleitung, Hauptteil, Schluss)? ☐
5. Ist die zu erörternde Frage klar formuliert? ☐
6. Sind die Standpunkte genau formuliert? ☐
7. Sind die Argumente geeignet und vollständig, sinnvoll geordnet und gut miteinander verbunden bzw. gegenübergestellt? ☐

Die Endfassung schreiben

c Schreibe die Endfassung in dein Heft.

Historische Vorgänge verstehen und beschreiben

!

Bei der **Beschreibung historischer Vorgänge** sind Ereignisse, Handlungen und Ergebnisse **sachlich richtig** und **chronologisch** (in der zeitlichen Abfolge) darzustellen. Zusätzliche Hintergrundinformationen, Begründungen und Beispiele helfen dem Leser, historische Zusammenhänge zu erkennen. Man formuliert **sachlich**, verwendet **Fachwortschatz** und kann im **Präsens** oder im **Präteritum** schreiben.

1 Untersuche, in welcher Zeitform die folgenden Texte verfasst wurden, und setze die in Klammern stehenden Infinitive in der richtigen Form ein.

1 Als die Fronten im Ersten Weltkrieg erstarren und aus dem Bewegungskrieg ein Stellungskrieg ____________ (werden), ____________ (beschließen) die Briten den Bau einer neuen Waffe. Das Militär ____________ (beginnen) mit der Konstruktion gepanzerter Fahrzeuge und behauptet, es handele sich um *water tanks* zur Truppenversorgung. Tatsächlich aber ____________ (sein) es Panzer. Als die Täuschung nicht mehr nötig ist, ____________ (nennen) man sie noch Tanks.

2 Am 22. April 1915 kam es in Belgien zum ersten großen Chemieangriff der Geschichte. Deutsche Offiziere ____________ (lassen) Giftgas auf französische Truppen abblasen. Im weiteren Kriegsverlauf ____________ (entwickeln) die Gegner die Giftgasangriffe zwar weiter, aber kriegsentscheidend ____________ (sein) diese Waffe nicht. Trotzdem ____________ (kosten) sie 80 000 Soldaten das Leben.

Informationen ordnen

2 Beschreibe Anlass, Verlauf und Ergebnis der Novemberrevolution 1918.

a Lies folgende Informationen und ordne sie chronologisch (von 1 bis 7).

• Berliner Demonstranten fordern Frieden und das Abdanken des Kaisers	
• Mitte Oktober: Deutschland beschließt aussichtslose Seeschlacht	1
• aus der Meuterei werden Anfang November landesweite Demonstrationen	
• Kaiser verweigert Rücktritt, Abdankung wird trotzdem verkündet	
• 9. November: Massendemonstration im Regierungsviertel Berlins	
• 30. Oktober: Matrosen in Wilhelmshaven verweigern Auslaufbefehl	
• 11. November: neu gebildete Regierung schließt Waffenstillstand	

Einen Entwurf schreiben

b Schreibe den Entwurf deines Textes. Gehe dazu folgende Schritte.

1 Formuliere eine mögliche Überschrift.

____

TIPP
Entscheide dich für eine Zeitform.

2 Entwirf eine Einleitung.

____

____

____

____

3 Schreibe den Entwurf des Hauptteils und den Schluss.

____

____

____

____

____

____

____

____

____

____

____

____

____

____

Den Entwurf überarbeiten

c Überarbeite deinen Entwurf, achte dabei besonders auf die Zeitform und die Mittel der Satzverknüpfung. Schreibe die Endfassung in dein Heft.

Epische Texte lesen und verstehen

Epische Texte analysieren

!

Man kann einen **Erzähltext** mithilfe der folgenden Fragen **analysieren**:
- Worum geht es im Text (zentrales Thema, Handlungsverlauf)?
- Wann, wo und in welchem Umfeld findet die äußere Handlung statt?
- Aus wessen Perspektive wird erzählt (Ich-Erzähler oder Sie-Erzählerin / Er-Erzähler)?
- Welche Figuren spielen eine Rolle? In welcher Beziehung stehen sie zueinander?
- Vor welchem Problem stehen einzelne Figuren und wie lösen sie es?
- Wie entwickeln sich die Figuren (innere Handlung)?
- Wird im Text Spannung erzeugt? Mit welchen Mitteln?
- Welche Mittel der Zeitgestaltung werden eingesetzt (Zeitdehnung, Zeitraffung, Vorausdeutung, Rückblende)?
- Welche sprachlichen Besonderheiten fallen auf (z. B. sprachliche Bilder, Jugendsprache, Fachsprache, Wiederholungen, direkte Rede)?

1

a Lies den Beginn des Romans „Die Tribute von Panem – Tödliche Spiele“ von Suzanne Collins.

Als ich aufwache, ist die andere Seite des Bettes kalt. Ich strecke die Finger aus und suche nach Prims Wärme, finde aber nur das raue Leinen auf der Matratze. Prim muss schlecht geträumt haben und zu Mutter geklettert sein. Natürlich. Heute ist der Tag der Ernte.

Ich stütze mich auf den Ellbogen. Das Licht im Schlafzimmer reicht aus, um die beiden zu sehen. Meine kleine Schwester Prim, auf der Seite zusammengekauert, eingesponnen in Mutters Körper, Wange an Wange. Im Schlaf sieht meine Mutter jünger aus, immer noch erschöpft, aber nicht so resigniert. Prims Gesicht ist frisch wie ein Regentropfen, so lieblich wie die Blume, nach der sie benannt wurde. Primrose, Primel. Meine Mutter war früher auch sehr schön. Zumindest hat man mir das erzählt. [...]

Ich schwinge die Beine aus dem Bett und schlüpfe in meine Jagdstiefel. Geschmeidiges Leder, das sich meinen Füßen angepasst hat. Ich ziehe die Hose an, ein Hemd, stopfe meinen langen dunklen Zopf unter eine Mütze und greife nach meiner Provianttasche. Auf dem Tisch [...] liegt ein perfekter kleiner Ziegenkäse, der in Basilikumblätter eingewickelt ist. Den hat Prim mir zum Erntetag geschenkt. Ich stecke den Käse vorsichtig in meine Provianttasche und schlüpfe hinaus. [...]

In unserem Teil von Distrikt 12, genannt der Saum, wimmelt es um diese Zeit normalerweise von Kohlearbeitern, die sich auf den Weg zur Frühschicht machen. [...]

Unser Haus steht fast am Rand des Saums. Ich muss nur an ein paar Toren vorbei, um auf das verwahrloste Feld zu gelangen, das die Weide genannt wird. Vom Wald wird sie durch einen hohen Maschendrahtzaun mit Stacheldrahtrollen am oberen Ende getrennt, der den gesamten Distrikt 12 umgibt. Theoretisch soll er vierundzwanzig Stunden am Tag unter Strom stehen, um die Raubtiere abzuhalten. [...]

Aber wir können schon von Glück reden, wenn wir abends zwei oder drei Stunden Strom haben, und deshalb kann man ihn normalerweise gefahrlos anfassen. Dennoch warte ich immer einen Augenblick ab und lausche auf das Summen, an dem ich höre, dass der Zaun unter Strom steht. Doch jetzt ist er stumm wie ein Stein. Im

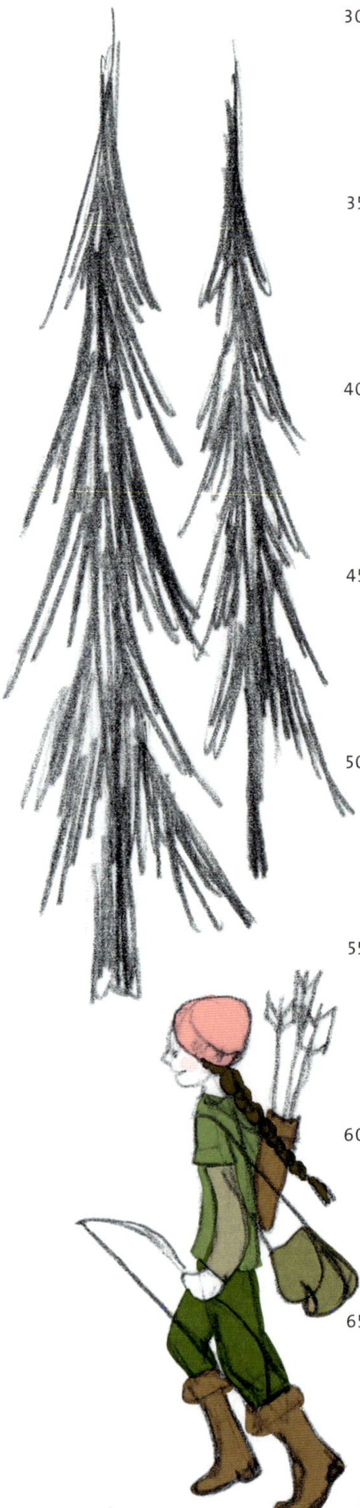

Schutz eines Gebüschs mache ich mich ganz flach und schlüpfe unter einem zwei Fuß breiten Stück hindurch, das seit Jahren frei liegt. [...]

Im Schutz der Bäume hole ich einen Bogen und einen Köcher mit Pfeilen aus einem hohlen Stamm. [...]

Obwohl das Betreten des Waldes illegal ist und Wilderei die schwersten Strafen nach sich zieht, würden es mehr Leute wagen, wenn sie Waffen hätten. Die meisten sind nicht mutig genug, sich nur mit einem Messer bewaffnet hineinzutrauen. Mein Bogen hat Seltenheitswert, er wurde noch von meinem Vater angefertigt, zusammen mit ein paar anderen, die ich, sorgfältig in wasserdichte Hüllen gewickelt, sicher im Wald versteckt habe. Hätte mein Vater sie verkauft, hätte er viel Geld verdienen können, doch wenn die Beamten dahintergekommen wären, wäre er wegen Anzettelung eines Aufstands öffentlich hingerichtet worden. Die meisten Friedenswächter drücken gegenüber uns wenigen Jägern ein Auge zu, weil sie wie alle anderen nach frischem Fleisch gieren. Sie gehören sogar zu unseren besten Kunden. Aber sie würden nie zulassen, dass jemand den Saum mit Waffen versorgt. [...]

Als ich jünger war, erschreckte ich meine Mutter zu Tode mit dem, was ich über Distrikt 12 sagte; über Panem und die Leute, die unser Land aus der fernen Stadt regieren, die das Kapitol genannt wird. Irgendwann begriff ich, dass uns das nur noch mehr Scherereien einbringen würde. Also lernte ich, meine Zunge zu hüten und eine gleichgültige Maske aufzusetzen, damit niemand meine wahren Gedanken lesen konnte. Lernte, in der Schule still meine Aufgaben zu machen. Auf dem Marktplatz nur höflich über Belangloses zu sprechen. Auf dem Hob, dem Schwarzmarkt, wo ich das meiste Geld verdiene, überhaupt nicht viel zu sagen und nur meinen Handel abzuschließen. [...]

Im Wald wartet der einzige Mensch, bei dem ich sein kann, wie ich bin. Gale. Ich spüre, wie sich meine Züge entspannen und ich schneller werde, während ich die Hügel hinauf zu unserem Ort klettere. [...] Als ich sehe, dass Gale auf mich wartet, muss ich lächeln. Er sagt, ich lächele niemals, außer im Wald.

„Hallo, Kätzchen“, sagt Gale. Eigentlich heiße ich Katniss, aber damals, als ich ihm zum ersten Mal meinen Namen sagte, habe ich ihn nur geflüstert. Und er hat Kätzchen verstanden. [...]

„Schau, was ich geschossen habe“, sagt Gale und hält einen Laib Brot in die Höhe, in dem ein Pfeil steckt, und ich muss lachen. Es ist echtes Brot aus der Bäckerei, keins von den flachen, festen Broten, die wir aus unseren Getreiderationen backen. Ich nehme es in die Hände, ziehe den Pfeil heraus und halte die Einstichstelle an meine Nase. Ich sauge den Duft ein und merke, wie mir das Wasser im Mund zusammenläuft. Feines Brot wie dieses gibt es nur zu besonderen Anlässen. [...]

b Notiere Stichpunkte, die deinen ersten Eindruck vom Buch verdeutlichen.

____

____

2 Untersuche den Text aus Aufgabe 1 a (S. 15) genauer.

a Fasse zusammen, worum es im Textausschnitt geht.

TIPP
Recherchiere im Internet.

b Untersuche, wo und wann die Handlung spielt. Begründe deine Meinung.

c Bestimme, aus wessen Perspektive das Geschehen erzählt wird.

d Nenne die Figuren, die im Text eine Rolle spielen. In welchen Beziehungen stehen sie zueinander?

e Finde heraus, vor welchen Problemen die Hauptfigur in diesem Textauszug steht.

f Untersuche, wie im Textauszug Spannung erzeugt wird. Achte dabei besonders auf sprachliche Besonderheiten und die Mittel der Zeitgestaltung. Unterstreiche die deiner Meinung nach spannendste Stelle.

Literarische Figuren charakterisieren

!

Literarische **Figuren** kann man **charakterisieren**, um Texte besser verstehen zu können. Die Figurencharakterisierung ist ein Bestandteil der Analyse für Textbeschreibungen und -interpretationen. Man beschreibt:

- die **äußeren Merkmale** (Gesamterscheinung, Einzelheiten, Besonderheiten) möglichst genau und anschaulich,
- die **inneren Merkmale** (Lebensumstände, Gedanken, Gefühle, Verhaltensweisen, Sprache, Verhältnis zu anderen u. Ä.).

1 Charakterisiere die Hauptfigur aus dem Romanauszug „Die Tribute von Panem – Tödliche Spiele".

TIPP
Achte auf Alter, Geschlecht, Aussehen, Kleidung, Fähigkeiten usw.

a Lies den Romanbeginn in Aufgabe 1 a (S. 15) noch einmal und markiere die äußeren Merkmale der Hauptfigur. Halte dann die Markierungen übersichtlich in Form von Stichpunkten fest.

TIPP
Achte auf Herkunft, Familie, Lebensumstände, Verhaltensweisen, Gedanken, Gefühle, Verhältnis zu anderen usw.

b Lies nochmals im Text und markiere mit einer anderen Farbe innere Merkmale der Hauptfigur. Halte sie dann übersichtlich in Form von Stichpunkten fest.

c Schreibe nun einen Entwurf der Charakterisierung der Hauptfigur in dein Heft und überarbeite ihn. Überlege dir eine passende Einleitung und einen passenden Schluss.

Inhaltsangaben zu literarischen Texten verfassen

!

Mit einer **Inhaltsangabe** gibt man in möglichst sachlicher und knapper Form den wesentlichen Inhalt eines literarischen Textes, eines Films, einer Fernsehsendung oder eines Theaterstücks wieder. Eine Inhaltsangabe sollte folgende **Bestandteile** haben:

Einleitung:	Angaben zu Autorin/Autor, Textsorte, Titel, Thema
Hauptteil:	Darstellung der Figuren und des Handlungsverlaufs unter Beachtung der richtigen Reihenfolge (*W*-Fragen)
Schluss:	Besonderheiten des Textes (z. B. offene Fragen, Lehre, Bezug zur Überschrift)

Folgende **sprachliche Besonderheiten** sollte man beachten:

- den Inhalt mit eigenen Worten wiedergeben (keine Zitate),
- direkte Rede in indirekte Rede umwandeln,
- im Präsens oder Perfekt schreiben.

1 Schreibe eine Inhaltsangabe zum Romanbeginn aus Aufgabe 1 a (S. 15). Nutze dazu die folgenden Teilaufgaben.

Eine Inhaltsangabe planen

TIPP
Recherchiere im Internet.

a Ergänze zur Gestaltung der Einleitung die Angaben in Stichpunkten.

Autorin: ______________________________

Textsorte: ______________________________

Titel: ______________________________

Thema: ______________________________

____

b Notiere Stichpunkte zum Textinhalt. Nutze dazu *W*-Fragen.

____

____

____

____

____

TIPP
Beachte, dass es sich um einen Romanbeginn handelt.

c Formuliere einen Schluss.

____

____

Einen Entwurf schreiben

d Schreibe einen Entwurf deiner Inhaltsangabe in dein Heft und überarbeite ihn anschließend.

Textbeschreibungen zu literarischen Texten verfassen

!

In einer **Textbeschreibung** werden die Ergebnisse der Analyse literarischer Texte zusammenhängend dargestellt. Eine Textbeschreibung gibt Auskunft über den Inhalt und die Besonderheiten (Form, Sprache) eines Textes. Seine Aussagen belegt man mit **Zitaten**. Die Textbeschreibung sollte folgende **Bestandteile** aufweisen:

Einleitung: Name der Autorin / des Autors, Textsorte, Titel, Thema

Hauptteil: Inhaltsangabe, Aufbau des Textes, Besonderheiten der Handlungsgestaltung, Erzählperspektive, Figurencharakterisierung, sprachliche Besonderheiten, Zeitgestaltung, Wirkung weiterer Gestaltungsmittel

Schluss: eigene Meinung (Gedanken, Gefühle), z. B. weitere Auskünfte zur Autorin / zum Autor und zur Entstehungsgeschichte des Textes

●●● **1**

a Verfasse eine Textbeschreibung zum Romanbeginn aus Aufgabe 1 a (S. 15) in deinem Heft. Orientiere dich dazu am Merkkasten und nutze deine Arbeitsergebnisse von S. 16–19. Wenn du weitere Hilfen brauchst, nutze Aufgabe 2.

b Überarbeite den Entwurf und schreibe die Endfassung in dein Heft.
Achte besonders auf sachliche Formulierungen, die Zeitform des Präsens und die Satzverknüpfungen.

2 Verfasse eine Textbeschreibung zum Romanbeginn aus Aufgabe 1 a (S. 15).

TIPP
Nutze deine Vorarbeiten von S. 16–19.

a Notiere Stichpunkte zu Besonderheiten der Handlung und des Aufbaus.

___

___

___

___

___

___

___

___

___

___

___

___

b Bestimme die Erzählperspektive und ihre Wirkung auf den Leser.

c Stelle dar, was man über die Figuren erfährt und wodurch man es erfährt. Notiere geeignete Textstellen.

d Benenne die sprachlichen Besonderheiten des Textes.

e Zeige Beispiele der Zeitgestaltung und erläutere, welche Bedeutung sie für die Geschichte haben.

Einen Entwurf schreiben

f Verfasse nun in deinem Heft einen Entwurf einer Textbeschreibung. Orientiere dich am Merkkasten (S. 20).

Den Entwurf überarbeiten

g Überarbeite den Entwurf. Achte besonders auf sachliche Formulierungen, die Zeitformen und die Verwendung von direkten Zitaten. Schreibe anschließend die Endfassung.

Geschichten um- und weiterschreiben

!

Das **Um- oder Weiterschreiben von Erzählungen** erfordert, sich gründlich mit dem vorliegenden Text auseinanderzusetzen und den eigenen Text sinnvoll zu planen.
Umschreiben kann man Geschichten, indem man z.B. den Schluss oder einzelne Ereignisse und Handlungen ändert, innere Monologe oder Tagebucheinträge verfasst, neue Figuren einfügt und/oder aus verschiedenen Perspektiven erzählt.
Beim **Weiterschreiben** von Geschichten sollten sich Inhalt und Sprache möglichst reibungslos an den Beginn anschließen. Immer muss die Geschichte logisch aufgebaut, einleuchtend und glaubhaft sein.

Eine Erzählung umschreiben

1

a Lies die folgende kurze Erzählung.

Als sich die Bustüren öffneten, sah Martin nicht von seinem Handy auf. Er wollte nicht in die Gesichter der Einsteigenden sehen, die einen Sitzplatz suchten. Martins Klasse befand sich auf dem Rückweg von einem Wandertag. Seine Füße waren schwer wie Blei. Er saß am Gang. Neben ihm am Fenster saß Saskia. Die Hinzugestiegenen trotteten den Gang entlang. Aus dem Augenwinkel bemerkte er, dass einer der Fahrgäste neben ihm stehen geblieben war. Über die aus den Kopfhörern seines Handys klingende Musik hörte er, wie die Person ihm einen guten Tag wünschte. Murmelnd erwiderte er den Gruß und blickte flüchtig zur Seite. Er sah Schuhe und dünne Beine in einer braunen Stoffhose. Eine ältere Frau. Sollte er ihr seinen Platz anbieten? Aber er war doch so erschöpft! Konzentriert sah er weiter auf sein Handy, gab sich beschäftigt. Er wagte nicht, die Dame anzusehen. Sie schien recht rüstig zu sein. Vielleicht wäre sie sogar beleidigt, wenn er ihr den Platz anbot? Außerdem saßen noch genug andere im Bus. Einer seiner Mitschüler würde sicher so freundlich sein. Als die Dame nach hinten weiterging, holte er erleichtert Luft. Saskia sah der Frau hinterher. Kurz darauf teilte sie ihm mit, dass ihre Klassenlehrerin aufgestanden sei und die Dame habe Platz nehmen lassen.
Zehn Minuten später hatten sie ihre Haltestelle erreicht. Martin steckte sein Handy weg, griff seinen Rucksack und stand auf. Hinten im Bus stand seine Klassenlehrerin und plauderte mit der alten Dame. Es war seine Großmutter.
Beim Aussteigen nahm Martin nicht den Blick von seinen Schuhspitzen.

• Einen inneren Monolog schreiben

b Verfasse einen inneren Monolog. Was denkt Martin beim Verlassen des Busses?

2 Schreibe die Geschichte um. Erzähle sie aus der Perspektive von Martins Großmutter.

• Die Erzählung planen

a Überlege, wie du die Erzählung umschreiben könntest. Beantworte dazu folgende Fragen in Stichpunkten.

1 Was empfindet Martins Großmutter, als sie ihren Enkel sieht?

____

____

2 Was sieht, hört, denkt und fühlt Martins Großmutter, während sie neben ihm steht?

____

____

3 Worüber unterhält sich Martins Großmutter mit seiner Klassenlehrerin?

____

4 Wie könnte die Überschrift lauten?

____

• Einen inneren Monolog schreiben

b Verfasse einen inneren Monolog. Was denkt Martins Großmutter, als sie neben ihrem Enkel steht?

____

____

____

____

____

____

____

____

____

• Einen Entwurf schreiben und überarbeiten

c Schreibe in deinem Heft den Entwurf der Erzählung, überarbeite ihn und schreibe die Endfassung.

3

Eine Erzählung weiterschreiben

a Lies den folgenden Geschichtenanfang und schreibe die Erzählung weiter.

Hätte mir jemand erzählt, welchen Trubel das Aufräumen meines Schreibtischs verursachen würde, hätte ich es nicht geglaubt. Fest stand jedenfalls, dass es an der Zeit war, mal wieder für Ordnung zu sorgen.
Auf der Tischplatte stapelten sich Hefte, Bücher, Kataloge, Zettel, Stifte – kurzum, es herrschte Chaos. Das war umso ärgerlicher, weil der Schreibtisch ein altes Familienerbstück war, auf dem schon meine Urgroßeltern ihre Briefe geschrieben hatten. Er bestand aus schwerem, dunklem Holz und war mit hübschen Schnitzereien verziert. Diese waren allerdings auch richtige Staubfänger. Ich beschloss daher, sie mit einem feuchten Tuch zu reinigen. Als ich mich einer Blütenschnitzerei widmete, fiel mir die dunklere Färbung eines der Blütenblätter auf. In der Annahme, dass es Schmutz sei, drückte ich mit dem Lappen etwas fester zu. Plötzlich gab das Blütenblatt nach. Im selben Moment klapperte etwas an der Seite des Schreibtischs. Zuerst befürchtete ich, das gute Stück beschädigt zu haben. Als ich aber nach der Quelle des Geräuschs schaute, sah ich, dass sich an der Seite ein kleines Fach geöffnet hatte, das ich noch nie bemerkt hatte. Plötzlich wurde mir alles klar: Durch das Drücken des Blütenblatts musste ich einen Mechanismus ausgelöst haben, der dieses Geheimfach öffnete. Vor Aufregung schlug mir das Herz bis zum Hals. Welches Geheimnis mochte dort verborgen sein?

• Die Erzählung planen

b Überlege, wie die Erzählung weitergehen könnte. Beantworte dazu folgende Fragen in deinem Heft.

1 Wer ist die Ich-Erzählerin / der Ich-Erzähler?
2 Was befindet sich im Geheimfach?
3 Welche Figuren möchtest du noch in den Text aufnehmen? Wie handeln, denken und fühlen die Figuren?
4 Welche Handlungsschritte sollen zum Schluss führen?
5 Wie könnte der Titel lauten?

c Erarbeite einen Erzählplan (Handlungsstrahl) für die Fortsetzung der Geschichte nach folgendem Muster. Schreibe bei Bedarf in dein Heft.

	Beginn	Handlungs-schritt 1	Handlungs-schritt 2 usw.	Schluss
Ort, Zeit	im Zimmer	______	______	______
Personen	Ich-Erzähler	______	______	______
Ereignisse, Gedanken, Gefühle, Stimmungen	Aufräumen und Reinigen des Schreibtischs, Entdeckung eines Geheimfachs	______ ______	______ ______	______ ______

• Einen Entwurf schreiben und überarbeiten

d Schreibe mithilfe des Erzählplans die Fortsetzung der Erzählung in dein Heft. Überarbeite anschließend deinen Entwurf und schreibe die Endfassung.

Eindrücke wiedergeben – Schildern

> Beim **Wiedergeben von Eindrücken (Schildern)** stellt man die Wahrnehmungen, Gedanken, Gefühle und Einstellungen von Personen oder Figuren ausführlich und anschaulich dar, z. B.:
> *Ich spürte mein Herz rasen. Meine Augenlider wurden schwer. Tausend Gedanken schossen mir durch den Kopf.*

Neil Armstrong fotografierte seinen Kollegen Edwin Aldrin beim Aussteigen.

1 Am 21. Juli 1969 betrat Neil Armstrong als erster Mensch die Mondoberfläche.

a Notiere mögliche Gedanken, Gefühle und Wahrnehmungen Armstrongs, die er auf der Leiter der Mondlandefähre gehabt haben könnte. Nutze einen Cluster.

b Versetze dich in die Lage Armstrongs. Schreibe einen Tagebucheintrag, in dem du Eindrücke, Gedanken und Gefühle auf dem Weg aus der Landefähre zur Mondoberfläche schilderst.

Sachtexte erschließen

Diskontinuierliche Texte erschließen

!

Sachtexte können als **kontinuierliche** (Fließtexte) oder **diskontinuierliche Texte** (Cluster-Texte) verfasst sein.
Diskontinuierliche Texte beinhalten z. B. Folgendes:
- Daten in Form von Stichpunkten,
- statistische Angaben in Form von Diagrammen und/oder Tabellen,
- Begriffserklärungen in Form eines Glossars oder einer Fußnote,
- hervorgehobene Zitate,
- Bilder, Abbildungen, Schaubilder und/oder Grafiken.

Das **Textverstehen** wird durch die Verwendung bestimmter Mittel unterstützt:
- **äußere verstehensfördernde Mittel** sind z. B.:
  - die Kennzeichnung des Textthemas und der Teilthemen durch eine Überschrift und Zwischenüberschriften,
  - die Strukturierung des Textinhalts durch Absätze, Nummerierungen und/oder Aufzählungszeichen,
  - die Kennzeichnung neuer Gedanken oder Teilthemen durch Einleitesätze,
- **inhaltliche verstehensfördernde Mittel** sind z. B.:
  - die Herstellung eines logischen inhaltlichen und sprachlichen Zusammenhangs,
  - erklärende Einschübe und nachträgliche Erläuterungen (z. B. Appositionen),
  - Betonung durch spezielle sprachliche und stilistische Mittel.

1

a Lies den folgenden diskontinuierlichen Text über die Fußball-EM 2012.

Die geheime Physik des Fußballs

Der neue EM-Ball Tango 12 ist ein absolutes Hightech-Sportgerät, das selbst extremen Belastungen trotzt und die EM-Spiele schneller machen wird.

Manche Bälle flattern so stark, dass sie für Torhüter kaum zu berechnen sind, andere sausen mit unglaublichem Tempo schnurgerade auf das Tor zu. Fest steht: Der Spielball ist eines der wichtigsten Elemente bei einem großen Fußballturnier. Erst recht, wenn alle Teams bei null starten, denn das Spielgerät lernen sie erst wenige Wochen vor dem Turnierbeginn kennen. „Wir sind der festen Überzeugung, dass das der beste Ball ist, der je bei einer EM zum Einsatz kam", sagt Adidas-Vorstandschef Herbert Hainer über den neuen EM-Ball Tango 12. Nach den ersten Tests konnten Profis aus verschiedenen Ländern bereits bestätigen, dass Tango 12 noch schneller ist als sein Vorgänger Jabulani von der zurückliegenden Weltmeisterschaft. Die spezielle Materialmischung – der Ball besteht aus 70 Prozent Polyurethan und 30 Prozent Kunstleder – sorgt dafür, dass der Ball auch bei starkem Regen höchstens 0,3 Prozent Feuchtigkeit aufnimmt. Dadurch ist auch auf nassem Rasen moderner One-Touch-Hochgeschwindigkeits-Fußball möglich. Außerdem soll der neue Ball nicht mehr so stark flattern wie sein Vorgänger Jabulani. Dafür hat Adidas den inneren Aufbau des Modells Torfabrik übernommen. Das könnte der entscheidende Vorteil für die deutsche Nationalmannschaft sein: Denn die Bundesliga-Profis spielen bereits seit zwei Jahren mit dem „kleinen Bruder" des neuen EM-Balls.

Grafik 1

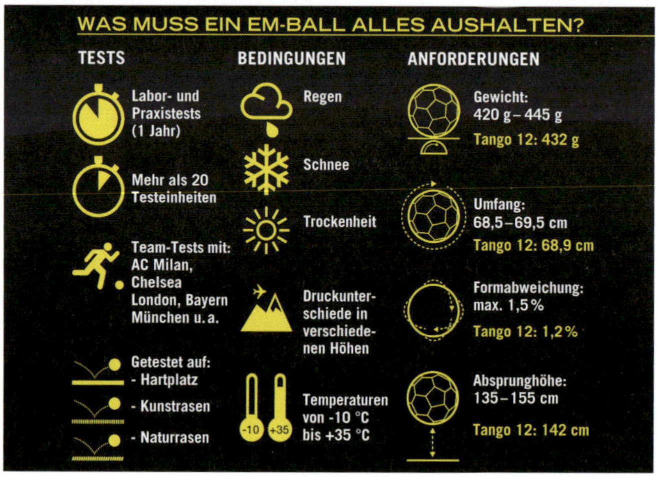

Grafik 2

Einen diskontinuierlichen Text untersuchen

b Beschreibe das Textbild. Beantworte dazu folgende Fragen.

1 Welche Textbausteine enthält der Text?

____

2 Welche Funktion haben diese Textbausteine jeweils?

____

____

2

a Markiere im Fließtext die äußeren verstehensfördernden Mittel.

b Suche inhaltliche verstehensfördernde Mittel und markiere drei Beispiele. Achte auf nachgestellte Erläuterungen, sprachliche bzw. stilistische Mittel.

Einen diskontinuierlichen Text erschließen

3 Erschließe jetzt den genauen Inhalt des Textes schrittweise.

a Notiere das Thema des diskontinuierlichen Textes.

____

b Kläre die Teilthemen der einzelnen Textbausteine und schreibe sie auf.

Baustein 1: ______________________________

Baustein 2: ______________________________

Baustein 3: ______________________________

4 Untersuche die Textbausteine genauer.

a Lies den Fließtext gründlich. Beantworte die folgenden Fragen.

1 Welche Informationen bietet die Einleitung?

2 Über welche Eigenschaften verfügt Tango 12?

3 Warum kann der Einsatz von Tango 12 der deutschen Mannschaft nützen?

b Betrachte die Grafik 1 genauer. Formuliere deren Hauptaussage in einem Satz.

c Formuliere in Stichpunkten die Kernaussagen aus Grafik 2.

d Untersuche, wie die Textbausteine inhaltlich zueinander stehen und wie eine Verbindung zwischen ihnen hergestellt wird. Notiere Stichpunkte dazu.

5 Fasse alle im Text dargestellten Informationen schriftlich in deinem Heft zusammen. Nutze dazu deine Ergebnisse aus den Aufgaben 3 und 4.

Textbeschreibungen zu Sachtexten verfassen

!

In einer Textbeschreibung werden Ergebnisse der Analyse eines Textes zusammenhängend dargestellt. Jeder Textbeschreibung muss also eine genaue Untersuchung des Textes vorangehen. Die **Textbeschreibung eines Sachtextes** gibt sachlich Auskunft über den Inhalt und die Besonderheiten des Textes. Sie sollte folgende **Bestandteile** aufweisen:

Einleitung	Quelle, Autor/Herausgeber, Titel, Thema des Textes
Hauptteil	Aussagen zum Aufbau des Textes (z. B. äußerlich erkennbare Gliederung: Textbestandteile, Funktion und Anordnung) Aussagen zum Inhalt des Textes (z. B. Thema, Standpunkt der Autorin/des Autors, Hauptaussage, Thesen, Argumente) Aussagen zur Wirkungsabsicht, zum Adressatenbezug, zur Textfunktion Aussagen zu sprachlichen Besonderheiten
Schluss	z. B. Bewertung von Inhalt und Darstellungsweise des Textes, eigene Meinung zum im Text Dargestellten

1 Verfasse eine Textbeschreibung zum Text „Die geheime Physik des Fußballs" (S. 27, Aufgabe 1 a).

a Notiere, welche Angaben du für die Einleitung benötigst. Orientiere dich am Merkkasten.

____

____

____

____

b Überlege, welche Funktion der Text hat.

____

____

c Formuliere die Hauptaussagen des Textes.

____

____

____

____

____

d Überlege, ob ein Standpunkt des Autors erkennbar ist. Wenn ja, formuliere ihn in einem Satz.

e Untersuche die sprachlichen Besonderheiten des Textes, z. B. Wortwahl und Satzbau. Notiere deine Ergebnisse in Stichpunkten.

f Entwirf in deinem Heft mithilfe deiner gesamten Analyseergebnisse eine zusammenhängende Textbeschreibung.

g Überprüfe die inhaltliche Gestaltung deines Entwurfs mit folgender Checkliste.

1. Einleitung
- Autor/Herausgeber, Titel des Textes, Quelle angegeben? ☐
- Thema des Textes genannt? ☐

2. Hauptteil
- Aufbau des Textes (z. B. äußerlich erkennbare Gliederung: Textbestandteile, Funktion und Anordnung) beschrieben? ☐
- Inhalt des Textes (z. B. Thema, Standpunkt der Autorin / des Autors, Hauptaussage, Thesen, Argumente) kurz zusammengefasst? ☐
- Wirkungsabsicht, Adressatenbezug, Textfunktion beschrieben? ☐
- Sprachliche Besonderheiten benannt? ☐

3. Schluss
- Inhalt und Darstellungsweise des Textes bewertet? ☐
- Eigene Meinung zum im Text Dargestellten ausgedrückt? ☐

Mitteilungen verfassen

!

Wer einen **Brief** oder eine **E-Mail** versendet, möchte damit etwas erreichen, deswegen sollte man bestimmte **Regeln einhalten**. So sollte das Anschreiben gut lesbar, übersichtlich, verständlich und höflich formuliert sein.
Ein **Entschuldigungsschreiben** sollte sehr höflich abgefasst sein, um so den Respekt vor dem Adressaten auszudrücken und Verständnis zu gewinnen. Es sollte auf jeden Fall einen Grund für das zu entschuldigende Verhalten und die Bitte um Entschuldigung beinhalten. Wichtig ist auch das Einhalten bestimmter Fristen.

1

a Lies die folgende E-Mail und schätze ein, ob die Mail situations- und adressatengerecht ist. Begründe deine Meinung.

Von: partypeople007@internet.de

Betreff: Krank

Hallo,
wie geht's denn so? Ich schreib, weil ich morgen ein Vorstellungsgespräch in eurer Firma hätte, aber nicht kommen kann. Sorry! War nämlich gerade beim Doc und der meint, ich soll erstmal ein paar Tage im Bett bleiben wegen Husten, Schnupfen, Heiserkeit.
Schickt mir einfach einen neuen Termin, am besten so in zwei Wochen, da bin ich wieder fit.
Tschö

____

____

b Verfasse ein angemessenes, offizielles Entschuldigungsschreiben.

Von:

Betreff:

____

____

____

____

____

____

> **!** Mithilfe einer **Anfrage** bittet man um Informationen, die Zusendung von Materialien oder um die Erteilung von Auskünften. Dies kann per E-Mail oder mit einem Brief geschehen. Man sollte sich beim Erstellen einer Anfrage am offiziellen Brief orientieren.

2 Du schreibst eine Facharbeit zum Thema „Die Geschichte meines Heimatorts“. Verfasse den Text einer schriftlichen Anfrage, in der du einen Experten um Mithilfe und Literaturtipps bittest.

> **!** Ein **Dankschreiben** sollte je nach Art, Empfänger und Anlass gestaltet sein. Man kann noch einmal auf den Anlass eingehen und erklären, was besonders gut gefallen hat. Private Dankeschön-Karten können handschriftlich verfasst werden.

3 Deine Facharbeit war ein voller Erfolg. Verfasse ein Dankschreiben an den Experten, in dem du dich für seine Unterstützung bedankst.

Sich bewerben

1

a Lies die Stellenanzeige und das Bewerbungsschreiben.

Caféhaus Biehler in Erfurt – Wir bilden aus!

Du hast Lust auf einen kreativen Beruf und abwechslungsreiche Handarbeit? Dann bewirb dich jetzt um einen Ausbildungsplatz als Konditor(-in) ab August und bereichere unser Team mit deinen Einfällen. Bei uns erhältst du die Chance, in familiärer Unternehmensatmosphäre ein modernes und zukunftsorientiertes Handwerk zu erlernen.

Anforderungen:
- guter Hauptschulabschluss oder Mittlere Reife (Realschulabschluss)
- sichere Kenntnisse in Mathematik und Chemie
- Gewissenhaftigkeit und Sorgfalt beim Umgang mit Lebensmitteln
- Freude an gestalterischer und kreativer Arbeit

Sende deine vollständigen Bewerbungsunterlagen an: Caféhaus Biehler, z.H. Konrad Biehler, Thomas-Müntzer-Straße 53 a, 99084 Erfurt.

Achtung, Fehler!

Paul Muster
Musterstr. 12
01234 Musterhausen
Tel. (0123) 43 53 63

Musterhausen, 02. Oktober 2015

Caféhaus Biehler
Thomas-Münzer-Straße 53 a
99084 Erfurt

Bewerbung um einen Arbeitsplatz als Konditor/in

Sehr geehrter Herr Bieler,
durch ihre Annonse im *Musterhäuser Tageblatt* habe ich rausgekriegt, das Sie kreative Azubis für den Konditorberuf suchen, deshalb bewerbe ich mich mal bei Ihnen.
Zurzeit besuche ich die 9. Klasse der Goetheschule in Musterhausen, die ich voraussichtlich zum Schuljahresende mit dem Hauptschulabschluß in der Tasche verlassen werden. Meine Lieblingsfächer sind Kunst und Mathematik. In Chemie bin ich leider nicht so gut, aber das liegt daran, dass Frau Schulze mich nicht leiden kann. Ich bin aufgeschlossen und kreativ. Ich backe in meiner Freizeit leidenschaftlich gerne, sodass ich bereits über Erfahrung im Umgang mit Lebensmitteln verfüge. Ich kann mir gut vorstellen, Teil Ihres Teams zu werden. Meine Oma, die gerne bei Ihnen Kaffee trinkt, würde sich dann jedenfalls ganz schön umgucken.
Über ein Einladung zu einem persönlichen Vorstellungsgespräch würde ich mich sehr freuen.

Mit freundlichen Grüßen

Paul Muster

Ein Bewerbungsschreiben untersuchen

b Überlege, ob Paul eine Chance hat, die Stelle zu bekommen. Begründe deine Meinung.

______

______

2 Ordne folgende Bestandteile dem Bewerbungsschreiben zu.

Bewerbungssatz – Gründe für die Bewerbung – Vorstellung der eigenen Person – Bitte um persönliches Gespräch

Ein Bewerbungsschreiben überarbeiten

3 Untersuche und überarbeite das Bewerbungsschreiben.

a Schreibe auf, wie die Betreffzeile richtig lauten muss.

______

b Unterstreiche Textstellen mit unangebrachter Wortwahl doppelt.

c Zwei Sätze gehören inhaltlich nicht in ein Bewerbungsschreiben. Streiche sie durch.

d Markiere im Bewerbungsschreiben alle Fehler (Rechtschreibung und Grammatik).

e Berichtige die Rechtschreib-, Grammatik- und Wortwahlfehler im ersten Satz. Schreibe den Satz korrekt auf.

______

______

______

f Formuliere die folgende Textstelle um, indem du die Satzglieder umstellst.

Ich bin aufgeschlossen und kreativ. Ich backe in meiner Freizeit leidenschaftlich gern, sodass ich bereits über Erfahrung im Umgang mit Lebensmitteln verfüge. Ich kann mir gut vorstellen, Teil Ihres Teams zu werden.

______

______

______

______

______

______

Zu Exkursionen berichten und protokollieren

Exkursionsberichte schreiben

!

Berichte über Exkursionen informieren knapp, sachlich und in der richtigen Reihenfolge. Dabei werden die wichtigsten ***W*-Fragen** beantwortet. Die Auswahl der Informationen und die Gestaltung des Berichts hängen vom Anlass, Zweck und Empfänger ab.
Exkursionsberichte sollten folgende **Gliederungspunkte** enthalten:

- Aufgabe bzw. Ziel der Exkursion,
- Verlauf der Exkursion,
- Einschätzung über Erreichen der Exkursionsziele.

Bei der sprachlichen Gestaltung ist besonders auf die korrekte Verwendung von **Fachbegriffen** zu achten.

1 Lies die folgende E-Mail.

Gesendet: Dienstag, 14. Mai 2015, 12:22

Betreff: Hallo, du Schnupfnase!!!

Schade, dass du wegen deiner Erkältung nicht mit nach Erfurt fahren konntest, um in der Bibliothek Literatur für unsere Facharbeit zu suchen.
So richtig Bock hatte ich zuerst auch nicht, vor allem weil die 9 b auch mitfuhr. Aber man kann sich seine Parallelklasse nicht aussuchen ... ☺
Um acht Uhr sind wir an der Regelschule mit einem Bus gestartet, der die ganze Zeit wie ein Panzer dröhnte. Zum Glück waren wir nach zwanzig Minuten schon am Ziel. Und da war ich wirklich überrascht. Ich hatte mir den Schuppen nämlich anders vorgestellt: mit verstaubten Regalen und knarrenden Holzböden. Aber denkste! Alles voll modern! Im Eingangsbereich stehen PCs. Einige wollten sofort 'ne Runde surfen, aber da kam schon unsere Führerin und hat uns eine kleine Rundreise aufgebrummt: drei Etagen voller Bücher, Kopier- und Versammlungsräume, Medientheke, PC-Kabinett, Ausleihe, Spinde und Toiletten. Dazu jede Menge Blablabla.
Wie man sich zurechtfindet, wurde uns dann im PC-Kabinett erklärt. Dort hockten wir in Zweierteams vor den Rechnern und griffen über die Website der Bibo auf deren Katalog zu. Ist wie eine Suchmaschine: Autor, Titel oder Thema eingeben und schon kriegt man angezeigt, was dazu da ist. Jedes Buch hat eine Signatur, bestehend aus Buchstaben und Zahlen. Kennt man die, kann man dann auch das Buch finden.
Genau das sollten wir dann üben. Jedes Team bekam eine Liste mit Buchtiteln, sollte deren Signatur herausfinden und dann die Bücher holen. Zuerst hab ich's nicht so ganz gerafft, aber dann lief's prima. Danach konnte sich anmelden, wer wollte. Ein paar haben natürlich auf cool gemacht und gesagt, so was Steinzeitliches hätten sie nicht nötig. Ich hab jedenfalls gleich mal was für unser Thema ausgeliehen. Und ein paar DVDs fürs Wochenende noch dazu.
Ach ja, jede Projektgruppe soll einen Exkursionsbericht abgeben. Den kannst du ja schon mal schreiben, alles Notwendige findest du ja in der Mail. Ich muss los, unser Bus fährt 12:30 Uhr zurück zur Schule nach Schmira.
Gute Besserung und bis bald!!! ☺

Einen Exkursionsbericht schreiben

2 Schreibe die Mail in einen Exkursionsbericht um.

a Markiere im Text die Fakten, die man für einen Exkursionsbericht benötigt.

b Beantworte die *W*-Fragen.

1 **Wer** nimmt an der Exkursion teil?

____

2 **Wohin** führt die Exkursion?

____

3 **Wann** findet die Exkursion statt?

____

4 **Warum** wird die Exkursion durchgeführt? Mit welchem Ziel?

____

____

____

c Suche und markiere in der E-Mail die Textstelle, die Auskunft darüber gibt, ob das Ziel der Exkursion erreicht wurde.

d Formuliere anhand der markierten Textstelle eine kurze Einschätzung, inwieweit das Ziel der Exkursion erreicht wurde.

____

____

____

____

____

e Formuliere einen Entwurf deines Exkursionsberichts in deinem Heft. Orientiere dich am Merkkasten auf S. 36.

Den Exkursionsbericht überarbeiten

f Überarbeite deinen Entwurf. Achte auf die richtige Verwendung der Fachbegriffe und die Vermeidung von Umgangssprache. Schreibe die Endfassung in dein Heft.

Exkursionen protokollieren

!

Exkursionsprotokolle sind besondere Formen von **Berichten**, die kurz und sachlich informieren. Sie sollten folgende **Gliederungspunkte** enthalten:
- Datum, Teilnehmer und Thema der Exkursion,
- Ziel und Ablauf der Exkursion,
- Einschätzung über Erreichen der Exkursionsziele.

Ein Exkursionsprotokoll schreiben

TIPP
Nutze deine Vorarbeiten aus Aufgabe 2 (S. 37).

1 Schreibe auf Grundlage der E-Mail (S. 36, Aufgabe 1) ein Protokoll der Exkursion.

Protokoll der Exkursion zur Erfurter Bibliothek am 14. 05. 2015

Teilnehmer: ______________________

Ziel/Zweck: ______________________

____

Ablauf der Exkursion: 1. ______________________

2. ______________________

3. ______________________

4. ______________________

5. ______________________

zu 2. ______________________

____

____

zu 3. ______________________

____

zu 4. ______________________

... ______________________

Ergebnis: ______________________

____

Protokollant/in: ______________________

Wortarten und Wortformen

Verben

Die Modusformen des Verbs

!

Verben bilden **Modusformen** (Formen der Aussageweise).
- Verbformen im **Indikativ** (Wirklichkeitsform) → Tatsachen oder direkte (wörtliche) Rede, z. B.: *Anne verreist gerne. „Zu Hause ist es aber auch sehr schön", gesteht sie.*
- Verbformen im **Konjunktiv I** (Möglichkeitsform) → indirekte (nicht wörtliche) Rede, z. B.: *Die Freundin plaudert, Anne verreise gerne, zu Hause sei es aber auch sehr schön.*
- Verbformen im **Konjunktiv II** (Möglichkeitsform) → irreale (unwirkliche) Wünsche, Bedingungen und Vergleiche, z. B.: *Es wäre schön, es gäbe länger Ferien. Dann unternähme ich mehr Reisen.*
  Manchmal verwendet man die ***würde*-Ersatzform**, z. B.: *Dann würde ich mehr reisen.*
- Verbformen im **Imperativ** (Befehlsform) → Aufforderungen, z. B.: *Hör endlich zu! Geht nach Hause!*

1 Unterstreiche im Gedicht von Eugen Roth (1895–1976) alle Verbformen. Schreibe sie mit einem Personalpronomen heraus und bestimme die Modusform.

Der eingebildete Kranke

Ein Griesgram denkt mit trüber List, er denkt (Indikativ)
Er wäre krank. (was er nicht ist!)
Er müsste nun, mit viel Verdruss,
Ins Bett hinein. (was er nicht muss!)
Er hätte, spräch der Doktor glatt,
Ein Darmgeschwür. (was er nicht hat!)
Er soll verzichten, jammervoll,
Aufs Rauchen ganz. (was er nicht soll!)
Und werde, heißt es unbeirrt,
Doch sterben dran. (was er nicht wird!)
Der Mensch könnt, als gesunder Mann,
Recht glücklich sein. (was er nicht kann!)
Möcht glauben er nur einen Tag,
Dass ihm nichts fehlt. (was er nicht mag!)

2 In der Rubrik „Berichte aus dem Praktikum“ will die Schulzeitung aktuell über Praktikumserfahrungen und Empfehlungen informieren.

Modusformen bestimmen

a Lies die E-Mail von Jessica an die Redaktion. Unterstreiche die Verbformen, schreibe sie dann heraus und bestimme die jeweils verwendete Modusform.

Betreff: Infos aus dem Praktikum

Hallo, Leute,
ich grüße euch aus Wiesbaden, wo ich zurzeit ein Praktikum im Sanatorium absolviere. Es ist ziemlich interessant hier und ich habe tolle Menschen kennen gelernt. Die meisten erholen sich hier von einer schweren Krankheit oder Operation. Neben einigen Hilfsarbeiten werde ich vor allem zur Betreuung der Kurgäste eingesetzt, das heißt, ich muss sie zum Beispiel zu ihren Therapien oder zum Sport begleiten. Manchmal muss ich aber auch einfach für etwas Abwechslung sorgen. Oft genügt es, sich miteinander zu unterhalten. Andere lieben es, im Kurpark spazieren zu gehen. Wieder anderen kann man mit Vorlesen eine Freude machen.
Ein solches Praktikum ist wirklich zu empfehlen!
Trotzdem freue ich mich, dass es bald vorbei ist und ich wieder zu Hause sein kann.
Eure Jessi aus der 9 a

grüße – Indikativ, absolviere – __________

____

____

____

Modusformen verwenden

b Die Redaktion verfasst aus Jessicas Mail einen kurzen Bericht. Ergänze diesen und verwende dabei die indirekte Rede.

TIPP
Wiederhole zuerst die Möglichkeiten der indirekten Redewiedergabe.

Jessica aus der 9 a arbeitet zurzeit in einem Sanatorium in Wiesbaden.

Jessica schreibt, das Praktikum __________

____

____

____

____

____

____

3 Du erhältst eine SMS von einem Klassenkameraden, der Ersthelfer bei einem Unfall ist. Er ist völlig aufgeregt und fragt, was er alles tun muss. Ordne das folgende Wortmaterial und schreibe deine Ratschläge im Imperativ auf.

Polizei verständigen – auf die Polizei warten – sich als Zeuge zur Verfügung stellen – Rettungsleitstelle informieren – andere Autofahrer um Hilfe bitten – Unfallstelle absichern – sich um den/die Verletzten kümmern – verletzte Person(en) ansprechen

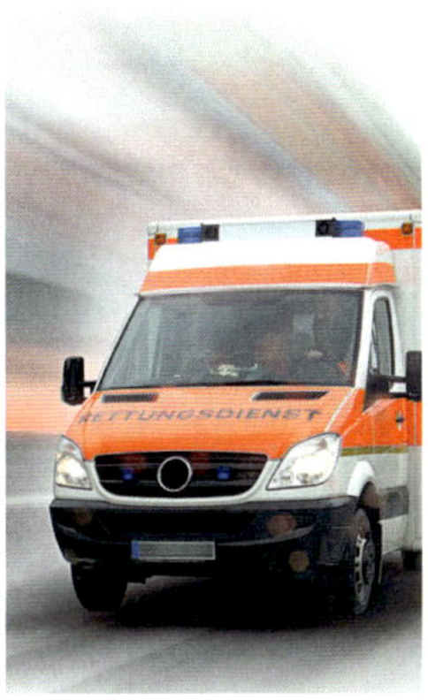

Verständige die Polizei! ____________________

____

____

____

____

____

____

4 Formuliere deine Wünsche. Verwende den Konjunktiv II.

1. Wenn ich schon 18 Jahre alt wäre, ____________________

____

2. Wenn ich im Lotto gewinnen würde, ____________________

____

3. Wenn ich auf einer einsamen Insel leben würde, ____________________

____

4. Wenn ich zaubern könnte, ____________________

____

TIPP
Nutze Konjunktiv II, redeeinleitende Verben, Adverbien, Adverbialbestimmungen und Modalverben *(sollen, wollen)*.

5 Gib die folgende Äußerung mithilfe verschiedener sprachlicher Möglichkeiten wieder. Bewerte dabei die Wahrheit der Aussage unterschiedlich.

Nora sagt: „Ich habe davon nichts gewusst."

____

____

____

Aktiv und Passiv

!

Von den meisten Verben kann man Aktiv- und Passivformen bilden. **Aktivformen** rücken den Handelnden in den Mittelpunkt, **Passivformen** die Handlung.
Beim Passiv unterscheidet man zwei Formen:
- das **Vorgangspassiv**, das den Ablauf der Handlung betont,
- das **Zustandspassiv**, das einen Zustand als Ergebnis einer vorangegangenen Handlung benennt.

Vorgangspassiv (*werden* + Partizip II)	**Zustandspassiv (*sein* + Partizip II)**
Die Türen werden geschlossen.	*Die Türen sind geschlossen.*

Aktiv- und Passivformen bestimmen

1

a Unterstreiche die Verben und schreibe in die Klammer, ob es sich um die Aktivform (**A**), das Zustandspassiv (**ZP**) oder das Vorgangspassiv (**VP**) handelt.

1 Diese Masche wiederholen die Täter fast immer. (__A__)
2 An Geldautomaten sind Kartenschlitz oder Tastatur manipuliert (______), sodass die PIN-Nummern der Kunden ausspioniert werden. (______)
3 Damit werden gefälschte Karten hergestellt und die Konten abgeräumt. (______)
4 Dieses kriminelle Ausspähen von Bankdaten ist als „Scimming“ bekannt. (______)
5 Bankautomaten werden inzwischen regelmäßig überprüft. (______)
6 Doch die mittlerweile in Banden auftretenden organisierten Kriminellen erweitern jetzt ihr Tätigkeitsfeld. (______)
7 Inzwischen sind auch Einkaufsmärkte betroffen. (______)
8 Kartenlesegeräte in Bau- und Supermärkten werden ins Visier genommen, die bei Einbrüchen manipuliert wurden. (______)
9 Doch die Kunden können selbst etwas für ihre Sicherheit tun, damit die Täter erst gar nicht an geheime Daten gelangen können. (______)

Aktiv- und Passivformen verwenden

b Wähle zwei Sätze mit Passivformen aus und formuliere sie mithilfe von Aktivformen um.

______

______

______

______

______

______

c Lies beide Varianten noch einmal. Welche unterschiedlichen Wirkungen werden erzielt?

2 Banken und Polizei geben Hinweise zum Schutz vor Betrug. Formuliere diese Ratschläge so um, dass sie in einem Bericht vorkommen könnten. Nutze das Vorgangspassiv.

1 Prüfen Sie vor dem Geldabheben, ob an dem Automaten etwas ungewöhnlich ist.

Vor dem Geldabheben wurde geprüft, ob

2 Verdecken Sie die PIN-Eingabe mit der Hand oder einem anderen Sichtschutz.

3 Dadurch erschweren Sie ein eventuelles Ausspähen.

4 Achten Sie auf einen genügenden Sicherheitsabstand zum nächsten Kunden.

3 Bei einem Betrugsverdacht bittet die Polizei um die Erledigung folgender Tätigkeiten. Formuliere im Zustandspassiv, dass du alles erledigt hast.

1 Prüfen Sie regelmäßig Ihre Kontoauszüge.

Die Kontoauszüge sind

2 Bei ungerechtfertigten Abbuchungen verständigen Sie sofort die Bank.

3 Bei Verlust der Kreditkarten lassen Sie sie sofort sperren.

Satzbau und Zeichensetzung

Der einfache Satz

Die Satzglieder

!

Der **einfache Satz** besteht mindestens aus einem **Subjekt** und einem **Prädikat**. Oft kommen noch weitere Satzglieder hinzu, die man mithilfe der **Umstellprobe** ermitteln kann, z. B.:
Die Olympischen Spiele / fanden / 2012 / in London / statt.
2012 / fanden / die Olympischen Spiele / in London / statt.
Die finite Verbform steht in vielen einfachen Sätzen an erster oder zweiter Stelle, z. B.:
Es war ein Fest für Sportler und Zuschauer. Haben sich deine Erwartungen erfüllt?

1

Satzglieder bestimmen

TIPP
Nutze die Frageprobe.

a Bestimme die unterstrichenen Satzglieder bzw. Satzgliedteile.

1 Die Deutschen | verreisen gern. (Subjekt)
2 Seit Jahren belegen Statistiken unterschiedlicher Institutionen unsere Reiselust. (__________)
3 Wir werden als die Reiseweltmeister bezeichnet. (__________)
4 Die Chinesen sind uns jedoch dicht auf den Fersen. (__________)
5 Begründet wird die Reiselust der Deutschen ganz unterschiedlich. (__________)
6 Die meisten geben an, dass sie einmal im Jahr für einige Tage dem Alltag entfliehen wollen. (__________)
7 Es erstaunt jedoch den einen oder anderen, dass Reiseziele im eigenen Land auf der Beliebtheitsskala an erster Stelle liegen. (__________)
8 So liegen Urlaubsregionen an der Nord- und Ostsee, in Bayern, im Schwarzwald, aber auch zunehmend in Thüringen und Sachsen an vorderster Stelle der Beliebtheitsskala. (__________)
9 Sonst sind besonders Spanien, Italien, Österreich, die Türkei und Kroatien diejenigen Länder, die von den deutschen Urlaubern besucht werden. (__________)
10 Als bevorzugtes Verkehrsmittel wird das Auto genutzt, weil es Flexibilität und Unabhängigkeit garantiert. (__________)

TIPP
Nutze die Umstellprobe.

b Grenze durch einen senkrechten Strich die einzelnen Satzglieder voneinander ab.

Satz- und Textgestaltung erproben

c Lies alle Sätze noch einmal im Zusammenhang. Überlege, wo du Satzglieder umstellen könntest, um die Wirkung des Satzes auf den Leser zu verändern. Schreibe mindestens sechs Beispiele in dein Heft. Beschreibe, wie sich die Wirkung verändert.

Kommasetzung im einfachen Satz

!

Im **einfachen Satz** müssen **Kommas** gesetzt werden bei:
- **Aufzählungen** von Wörtern und Wortgruppen, wenn diese nicht durch *und, oder, sowie, sowohl ... als auch ..., weder ... noch ...* verbunden sind,
- **nachgestellten Erläuterungen** (auch in Form von Appositionen und Datumsangaben),
- **Infinitivgruppen** (erweiterte Infinitive mit *zu*), wenn die Infinitivgruppe
  – durch Wörter, wie *um, ohne, (an)statt, außer* oder *als*, eingeleitet ist,
  – sich auf ein Nomen/Substantiv bezieht,
  – sich auf Wörter, wie *daran, darauf* oder *es* bezieht.
- **Partizipgruppen**, wenn sie als nachgestellte Erläuterung auftreten.

1

Kommas in Aufzählungen setzen

Achtung, Fehler!

a Unterstreiche die Aufzählungen und setze die fehlenden Kommas.

1 Es gibt viele Gründe, warum die Deutschen so gern im eigenen Land verreisen. **2** Geschätzt wird besonders die schnelle Erreichbarkeit des Ferienorts mit dem eigenen Pkw dem Zug dem Bus oder gar mit dem Flugzeug. **3** Alle individuellen Vorlieben können hierzulande befriedigt werden. **4** Die einen lieben lebendige Städte sportliche Betätigung und Animation. **5** Andere genießen Ruhe und Entspannung auf dem Lande am Meer oder in einsamen Gegenden. **6** Pulsierende Metropolen architektonische Highlights historische Sehenswürdigkeiten quirlige Einkaufsmeilen romantische Fachwerkhäuser und schillerndes Nachtleben machen Deutschland einmalig.

b Beschreibe dein Lieblingsreiseziel, bevorzugte Aktivitäten im Urlaub und kulturelle Interessen. Schreibe zwei Sätze, die jeweils eine Aufzählung mit mindestens drei Gliedern enthalten.

Kommas bei Infinitivgruppen setzen

Achtung, Fehler!

2 Markiere in den Sätzen die Infinitivgruppen. Setze die Kommas.

1. Es ist heutzutage kein Problem ein passendes Reiseziel zu finden.
2. Internetportale, Reisebüros, private Webseiten, Anzeigen in Zeitungen und Zeitschriften machen es jedoch manchmal schwer genau das Richtige zu finden.
3. Interessante finanzielle Angebote, farbenprächtige Prospekte und wortreiche Beschreibungen des Umfelds sollen möglichst viele Reisewillige dazu bewegen hierherzukommen.
4. Die Anbieter verpflichten sich dazu nur das Beste für die Urlauber zu leisten.

Kommas bei Partizipgruppen setzen

Achtung, Fehler!

3 Unterstreiche im folgenden Text die Partizipgruppen und setze die fehlenden Kommas.

Karen schreibt in ihr Tagebuch: „Ich bin immer noch total überwältigt von den Eindrücken. Ich flog über der Ostsee gezogen von einem Motorboot. Ich schwebte nur an zwei Seilen und einem Schirm über dem Meer. Ich kam mir unendlich frei vor so getragen vom Wind und leicht wie eine Möwe. Mir hat sich tief das Gefühl eingeprägt, zu fliegen wie ein Vogel begleitet vom fernen Rauschen der Wellen. Dieses Erlebnis, das viel zu schnell vorbei war, werde ich nie vergessen."

Kommas bei nachgestellten Erläuterungen setzen

WORTLISTE
ob – besonders – d. h. auch – z. B. – darunter – vor allem

4 Füge die in Klammern stehenden Angaben als nachgestellte Erläuterungen in die Sätze ein. Nutze die Einleitewörter aus der Wortliste und setze die fehlenden Kommas.

1 Ferien an der Ostsee (auf dem Festland oder einer Insel) werden immer beliebter bei Familien (bei Familien mit kleinen Kindern).

Ferien an der Ostsee, ob auf dem

2 Urlaub an der Ostsee verbringen heißt tolle Städte erleben (stolze Hansestädte, wie Lübeck, Stralsund und Wismar), aber auch bekannte Kur- und Badeorte (wie Binz oder Warnemünde).

3 Die Küste des Festlands und die sechs Inseln (die größte deutsche Insel Rügen mit ihren berühmten Kreidefelsen) garantieren zu jeder Jahreszeit ein einmaliges Erlebnis.

Der zusammengesetzte Satz

Die Satzreihe (Parataxe)

!

Zwei oder mehrere inhaltlich zusammengehörende Hauptsätze können eine **Satzreihe (Parataxe, Nebenordnung)** bilden.

- Zwischen **unverbundenen** Hauptsätzen steht **immer** ein **Komma**, z. B.:
  Potsdam ist ein beliebtes Reiseziel, täglich kommen viele Besucher in die Stadt.
- Sind die Hauptsätze durch die **Konjunktionen *und* oder *oder*** verbunden, ist die Kommasetzung freigestellt, z. B.:
  Potsdam ist eine Kulturstadt(,) und die meisten Besucher kommen deswegen.
- Sind die Hauptsätze durch die **Konjunktionen *aber, denn, (je)doch*** oder durch **Adverbien**, wie *deshalb, dann, trotzdem*, verbunden, **muss** ein **Komma** gesetzt werden, z. B.:
  Schloss Sanssouci ist zwar das Ziel der meisten Besucher, aber viele Gäste genießen auch die wasserreiche Umgebung. In Brandenburg gibt es viele Seen und Wasserstraßen, deshalb kann man das Land gut mit dem Boot erkunden.

Kommas in Satzreihen setzen

TIPP
Manche Sätze bestehen aus drei Hauptsätzen.

Achtung, Fehler!

1

a Setze in den folgenden Satzreihen die fehlenden Kommas. Markiere die Kommas, die nicht zwingend notwendig sind, farbig.

1 Du kennst sicherlich Potsdam und Berlin aber wie sieht es mit dem Umland aus?

2 Das Land Brandenburg hat 29 weitere Städte und diese sind äußerst reizvoll.

3 Brandenburg ist ein grünes Land denn seine besonderen Kennzeichen sind der Wald- und Wasserreichtum.

4 In der Region gab es einst viele Tagebaue aber in jüngster Zeit wurden diese geflutet und es wird eine wunderschöne Seenlandschaft entstehen.

5 Weiterhin kennst du vielleicht „Tropical Islands" dort kann man mitten in Deutschland ein exotisches Freizeitparadies genießen.

6 Sehr interessant und einmalig ist das Biosphärenreservat Spreewald du kannst es in einem Kahn erkunden.

7 Diese Kähne kann man nicht selbst fortbewegen sondern ein einheimischer Kahnführer stakt durch die kleinen Flüsse.

8 Hier lebt auch die nationale Minderheit der Sorben sie haben sich ihre Traditionen bis heute bewahrt.

9 Sie sprechen natürlich Deutsch trotzdem pflegen sie auch ihre sorbische Sprache sowie ihre typischen Trachten und Tänze.

10 In Brandenburg ist das Radwandernetz ausgezeichnet ausgebaut dort kannst du eine Radtour auf dem längsten Radwanderweg Deutschlands, der „Tour Brandenburg", unternehmen.

b Unterstreiche die Konjunktionen und Adverbien, die die Hauptsätze miteinander verbinden.

c Tausche im Satz 4 die beiden Konjunktionen untereinander aus. Wie verändert sich die Kommasetzung?

___

___

Satzreihen bilden

TIPP
Manchmal kann man auch unverbundene Satzreihen bilden.

WORTLISTE
sondern – dort – deshalb – denn – deswegen – und – darum – oder – sowie – doch – jedoch

2

a Verbinde die folgenden einfachen Sätze zu Satzreihen. Wähle geeignete Konjunktionen und Adverbien aus der Wortliste und setze die Kommas.

1 Das Wasserland Brandenburg ist wie geschaffen für Touren mit einem Boot. Ein Hausboot ist das ideale Verkehrsmittel.

___

___

___

2 Ein Hausboot ist dabei nicht nur ein Verkehrsmittel. Es ist auch gleichzeitig ein Hotel.

___

___

3 An unterschiedlichen Standorten werden Boote für zwei bis zwölf Personen angeboten. Sie sind komplett mit Küche, Dusche und WC ausgestattet.

___

___

___

4 Ihr benötigt nicht einmal ein Kapitänspatent. Die Boote sind sehr überschaubar. Ihr habt schnell den richtigen Dreh zum Führen heraus.

___

___

___

b Überprüfe, ob du wirklich Satzreihen gebildet und die Kommas richtig gesetzt hast. Unterstreiche dazu in deinen Sätzen die Subjekte und die finiten Verbformen.

Das Satzgefüge (Hypotaxe)

!

Einem Hauptsatz können ein oder mehrere Nebensätze untergeordnet werden. Dabei entsteht ein **Satzgefüge (Hypotaxe, Unterordnung)**. Die Nebensätze müssen **durch Kommas abgetrennt** werden, z. B.:

Er hat viele Interessen, die er einbringen möchte, wenn es geht.

HS, NS 1, NS 2.

Die unterschiedliche inhaltliche Verknüpfung des Nebensatzes mit dem Hauptsatz wird mit unterschiedlichen **Einleitewörtern** erreicht:

- unterordnende Konjunktionen, z. B.: *weil, dass, wenn, nachdem*;
- Relativpronomen: *der, die, das, welcher, welche, welches;*
- Fragewörter, z. B.: *wie, warum, wo.*

Nebensätze erkennen

1 Unterstreiche die Nebensätze mit einer Wellenlinie. Markiere die Einleitewörter und rahme die finiten Verbformen ein.

1 Da in wenigen Wochen wieder ein einwöchiges Praktikum geplant ist, überdenkt Paul noch einmal seine Interessen und Vorstellungen.

2 Obwohl er schon mehrere Praktika absolviert hat, war noch kein Beruf dabei, der ihn so richtig begeistert.

3 Ihm wird oft gesagt, dass er aufgeschlossen sei und dass er gut auf andere Menschen eingehen könne.

4 Paul erinnert sich an seinen Klassenlehrer, der ihm riet, dass er einmal seine Interessen auf einem Blatt Papier aufschreiben solle.

5 Da ihm dieser Tipp einleuchtet, befolgt er ihn.

6 Er kommt zu dem Ergebnis, dass er es unbedingt mit vielen Menschen zu tun haben möchte, die er in irgendeiner Weise betreuen oder beraten kann.

Kommas in Satzgefügen setzen

Achtung, Fehler!

2 Setze die fehlenden Kommas. Markiere die Einleitewörter der Nebensätze und rahme die finiten Verbformen ein.

1 Zufällig lernte Paul die Freundin seiner Schwester kennen die Filialleiterin in einem Reisebüro ist.

2 Die Freundin riet ihm dass er in diesem Reisebüro nachfragen sollte ob ein Praktikumsplatz frei sei.

3 Als er sich gleich am nächsten Tag auf den Weg dorthin machte war er sehr aufgeregt da er sich nicht vorstellen konnte wie das Gespräch verlaufen würde.

4 Er musste wohl einen guten Eindruck hinterlassen haben weil schon wenige Tage später eine schriftliche Zusage ins Haus flatterte.

Satzgefüge bilden

WORTLISTE
weil – weshalb – obwohl – wenn – wo – wohin – dass – sodass – das – der – die – welcher – welche – welches – da

3 Wähle geeignete Einleitewörter aus der Wortliste aus und vervollständige die Sätze zu Satzgefügen. Setze die Kommas.

1 Ich verreise gerne, weil ______

______

2 Dabei ist es mir egal ______

______

3 Verreisen mit Freunden ziehe ich (nicht) dem Familienurlaub vor ______

______

______

4 Urlaub mit den Eltern hat natürlich auch Vorteile ______

______

5 Wichtig für mich ist es ______

______

6 Das Reiseziel ______

______ sollte viel Abwechslung bieten.

7 ______

______ macht sich bei mir schlechte Laune breit.

8 Ich könnte (nicht) den ganzen Tag am Strand liegen ______

______

9 Stundenlange Besichtigungen von Sehenswürdigkeiten mag ich (nicht) ______

______

10 Absolut lustig finde ich Reisegruppen ______

______

11 Reisen ______

bevorzuge ich auf jeden Fall.

12 ______ wäre eine Weltreise mein größter Wunsch

______

Achtung, Fehler!

4 Setze die fehlenden Kommas und zeichne die Satzbilder. Verdeutliche die Unterordnung der Nebensätze durch entsprechende Nummerierung.

1 Als die Praktikumszeit begann, stellte sich Paul vor, dass er sofort die Kunden beraten dürfte.

NS 1, HS, NS 2.

2 Der erste Tag verlief jedoch ganz anders da er sich erst einmal damit beschäftigen musste welche Aufgaben in einem Reisebüro zu erledigen sind.

3 Er informierte sich zunächst über den Beruf der Tourismuskauffrau / des Tourismuskaufmanns wobei er herausfand dass neben der Beratung von Kunden auch kaufmännische und verwaltungstechnische Tätigkeiten sehr wichtig sind.

4 Die Tourismuskauffrau / Der Tourismuskaufmann ist für die Kunden die nicht über das Internet buchen wollen ein kompetenter Ansprechpartner der auf sehr individuelle Wünsche der Urlaubs- und Geschäftsreisenden eingehen muss.

5 Paul konnte an diesem ersten Tag natürlich auch in den vielen Prospekten blättern die nach Veranstaltern und Reiseregionen geordnet in den Regalen standen.

TIPP
Wende alle Kommaregeln an.

5 In den folgenden Sätzen fehlen alle Kommas. Setze diese und analysiere die Bildung des Satzes. Zeichne die Satzbilder.

1 Voller Spannung ging Paul am nächsten Tag zum Reisebüro obwohl er noch gar keine Vorstellung davon hatte was ihn heute dort erwartete.

Achtung, Fehler!

2 Tief im Herzen wünschte er sich dass seine Aufgabe etwas mit einem Reiseziel auf einem anderen Kontinent am liebsten in Australien oder Afrika zu tun hätte.

3 Doch leider war es weder das eine noch das andere sondern das Bundesland Sachsen-Anhalt.

4 Er sollte konkrete Informationen sammeln um einen Werbeflyer für eine Busreise nach Magdeburg zu erstellen.

Satz- und Textgestaltung

Mittel der Verknüpfung von Sätzen und Teilsätzen

!

Die Wirkung und Verständlichkeit von Texten hängt wesentlich von der **Satzverknüpfung** ab. Inhaltliche Zusammenhänge und verschiedene Wirkungen entstehen z. B. durch:

- die **Besetzung des Vorfelds** (Stelle vor dem finiten Verb) mit einem Satzglied, z. B.:
  Die Flüsse Sachsen-Anhalts (Subjekt) *sind selten reißende Gewässer.*
  Aber in letzter Zeit (Temporalbestimmung) *wuchs die Hochwassergefahr.*
- **spezielle sprachliche Mittel**, wie:
  – Pronomen, z. B.: *er* (Fluss), *die* (Wasserstraße), *das* (Gewässer),
  – bedeutungsähnliche Wörter (Synonyme, Ober-/Unterbegriffe), z. B.: *Fluss – Wasserstraße – Wasserlauf,*
- die **Verknüpfung von Sätzen oder Teilsätzen** zu:
  – **Parataxen** (Nebenordnung), Verbindung von Hauptsätzen (Satzreihe) durch nebenordnende Konjunktionen (*und, aber, oder, denn*) oder Adverbien (*deshalb, dort, trotzdem*), z. B.:
  Wasser bedeutet Leben, aber es kann auch zur Gefahr werden.
  Wasser bedeutet Leben, deshalb brauchen wir es.
  – **Hypotaxen** (Unterordnung), Verbindung von Hauptsätzen mit Nebensätzen (Satzgefüge) durch unterordnende Konjunktionen (*weil, wenn, als*), Relativpronomen (*der, die, das, welcher*) oder Fragewörter (*wo, weshalb*), z. B.:
  Seit jeher siedelten sich Menschen am Wasser an, weil es eine wichtige Lebensgrundlage ist. Sie ließen sich nieder, wo genug Wasser vorhanden war.

Satzverknüpfungen untersuchen

1

a Unterstreiche, mit welchen Mitteln die Verknüpfung zwischen Sätzen und Teilsätzen erreicht wurde.

1 Paul fand bei der Suche nach interessanten Informationen im Internet folgende Informationen, die ihn als begeisterten Wassersportler sehr neugierig machten. **2** Sachsen-Anhalt gehört zu Europas größtem Gebiet für Binnenwassersport, das von Mecklenburg-Vorpommern im Norden über Brandenburg und Berlin bis zum Harz mit zahlreichen Seen, Flüssen und Kanälen vor allem Aktivurlauber anlockt. **3** Majestätisch fließt die Elbe vorbei an natürlichen Auenlandschaften und Städten mit großer Geschichte, wie der Lutherstadt Wittenberg und der Landeshauptstadt Magdeburg. **4** Viel wilder und begleitet von uralten Sagen und Legenden bahnt sich die Bode ihren Weg durch den Harz. **5** Aber auch die Saale und die kleineren Flüsse, wie Unstrut, Havel und Mulde, zeigen sich abwechslungsreich, mal furios und perlend, dann wieder gemächlich und sanft. **6** Wer diese sportliche Herausforderung sucht, wird hier ebenso auf seine Kosten kommen wie das Liebespaar, das nach einsamen Buchten Ausschau hält. **7** Moderne Romantiker lockt das Wasserstraßenkreuz Magdeburg, wo sich Natur und Technik ideal ergänzen. **8** Mit nahezu tausend Metern zählt die Kanalbrücke, die über die Elbe führt, zu den größten Schiffsbrücken der Welt – für Motorbootfreunde ein imposanter Anlaufpunkt.

Blick auf die Elbe (Wittenberg)

Satzverknüpfungen erproben

b Besetze in den Sätzen 3 und 4 (Aufg. 1 a, S. 52) das Vorfeld mit dem Subjekt.

c Beschreibe die Wirkung der Veränderungen in Aufgabe 1 b. Welche Variante spricht dich mehr an? Begründe.

TIPP
Du kannst die Sätze dabei auch umformulieren.

2 Verknüpfe die Sätze sinnvoll miteinander. Wähle jeweils eine passende Variante aus dem Merkkasten (S. 52) aus.

1 Südlich von Sachsen-Anhalt liegt das Bundesland Thüringen. Thüringen wird landläufig als das „Grüne Herz Deutschlands“ bezeichnet. Das Bundesland hat wie Sachsen und Bayern den Status eines Freistaates.

2 Thüringen zählt flächen- und einwohnermäßig zu den kleinen Bundesländern. Thüringen ist sehr ländlich geprägt. Die größten Städte sind Erfurt und Jena.

Blick auf Jena

3 Thüringen bezeichnet sich gern als Land der Dichter und Denker. In Thüringen lebten und arbeiteten u. a. Luther, Goethe, Schiller und Wieland.

Stilistische Mittel

!

Um Texte wirkungsvoll zu gestalten, kann man z. B. folgende **stilistische Mittel** anwenden:

- **Metapher**: Übertragung eines Wortes oder Ausdrucks mit seiner ursprünglichen Bedeutung auf einen anderen Sachbereich auf der Grundlage eines gemeinsamen Merkmals der Ähnlichkeit in beiden Bedeutungen, z. B.:
  leeres Stroh dreschen, durch eine rosarote Brille sehen,
- **Personifizierung**: Übertragung menschlicher Verhaltensweisen und Eigenschaften auf unbelebte Gegenstände und Erscheinungen, z. B.:
  Das Glück winkt uns zu. Die Natur schläft noch.
- **Anapher**: Wiederholung von Satzanfängen, z. B.:
  Franz war nicht klein, Franz war sogar viel größer, als ich ihn mir vorgestellt hatte.
- **Parallelismus**: Wiederholung von Satzkonstruktionen, z. B.:
  Ich bin alt, du bist jung. Der Tag ist hell, die Nacht ist dunkel.
- **Ellipse**: Satz, in dem Wörter oder Satzteile weggelassen werden, den man aber trotzdem verstehen kann, z. B:
  Wer da? (statt: Wer ist da?) *Gern!* (statt: Das mache ich gern.)

Metaphern verwenden und erklären

1

a Verwende die Metaphern in je einem Satz.

1 Blechlawine **2** Schnapsidee **3** in der Tinte sitzen **4** Glückspilz
5 an die große Glocke hängen

b Erkläre die Bedeutung der Metaphern stichpunktartig.

Personifizierungen erkennen

2 Unterstreiche in dem Gedicht von Hermann Hesse (1877–1962) sechs Personifizierungen und erläutere kurz, welche Wirkung von ihnen ausgeht.

September

Der Garten trauert,
Kühl sinkt in die Blumen der Regen.
Der Sommer schauert
Still seinem Ende entgegen.

Golden tropft Blatt um Blatt
Nieder vom hohen Akazienbaum.
Sommer lächelt erstaunt und matt
In den sterbenden Gartentraum.

Lange noch bei den Rosen
Bleibt er stehen, sehnt sich nach Ruh.
Langsam tut er die großen,
Müdgewordenen Augen zu. R

verschiedene Stilmittel erkennen

3

a Lies die folgenden Sätze und überlege, zu welchem Zweck sie geschrieben worden sein könnten.

1 „Danke, Mama, danke, Papa. Für ein Leben, das in heller Sonne begann."
2 „Danke, Mama, danke, Papa, dass ihr mir gezeigt habt, wie die Welt sich dreht."
3 „Danke, schönste Freundin. Danke für die vielen schönen Momente, für dein Lachen und dass du mich in Mathe hast abschreiben lassen."
4 „Danke euch allen. Jetzt und hier!"
5 „Danke euch, die ihr mir nah wart. Danke euch, die ihr mir nah seid. Und danke auch euch, die ihr mir nah sein werdet."

b Notiere in der Randspalte, welche stilistischen Mittel hier verwendet werden. Markiere sie mit verschiedenen Farben.

Stilmittel verwenden

c Ergänze den Text. Schreibe drei ähnliche Sätze, in denen du verschiedene Stilmittel verwendest.

Danke

●●● verschiedene Stilmittel erkennen

4 Auch in Werbeslogans werden verschiedene Stilmittel eingesetzt, um Wirkung zu erzielen. Sammle einige Beispiele, schreibe sie in dein Heft und markiere die Stilmittel.

Mittel der Verdichtung und Auflockerung

!

Um schwierige Sachverhalte kurz darzustellen (zu **verdichten**), z.B. in schriftlichen Texten, in der Wissenschafts- und Fachsprache, verwendet man häufig den **Nominalstil**. Dabei werden oft Verben nominalisiert oder Ableitungen (oft auf *-ung*) verwendet. Den Nominalstil verwendet man auch, wenn Sätze in Stichpunkte umgewandelt werden, beispielsweise für einen Vortrag, z.B.:

Verbalstil	**Nominalstil**
1775 übernahm in Weimar der Herzog Carl August die Regentschaft von seiner Mutter Anna Amalia.	*1775 in Weimar Übernahme der Regentschaft durch Herzog Carl August von Mutter Anna Amalia*

Die entgegengesetzte Darstellungsart nennt man **Auflockerung**. Es werden viele Verben, besonders finite Verbformen, verwendet (**Verbalstil**).

Nominalstil verwenden

1 Verdichte den folgenden Text, indem du die wichtigsten Sachverhalte in Stichpunkten formulierst. Schreibe in dein Heft.

Die Stiftung „Weimarer Klassik“ bietet Kindern und Jugendlichen vielfältige und sehr ungewöhnliche Projekte an, um bei dieser Zielgruppe Interesse für die Stadt Weimar und deren Geschichte zu wecken. So sind momentan verschiedene „Rucksacktouren“ bei Grundschulkindern sehr beliebt. Ein mehrtägiges Projekt für die 7. bis 10. Klassen trägt den Titel „Der Herzog gewährt Audienz“. Hier stehen tatsächlich einmal nicht Goethe und Schiller im Mittelpunkt, sondern der junge Herzog Carl August. Bereits mit 18 Jahren musste er die Herrschaft über das kleine Fürstentum übernehmen. Seine Mutter Anna Amalia hatte ihm eine vorzügliche Bildung angedeihen lassen und stand ihm noch lange mit guten Ratschlägen zur Seite. Seine Ernennung stand jedoch unter keinem guten Stern, das Schloss brannte bis auf die Grundmauern ab.

– Angebot vielfältiger und ungewöhnlicher Projekte durch …

Verbalstil verwenden

2 Lies die folgenden Stichpunkte. Beschreibe das Projekt „Der Herzog gewährt Audienz“ ausführlich in deinem Heft. Verwende dabei den Verbalstil.

Rollenkarte für den Herzog

- Ziel: Simulation der politischen und ökonomischen Situation der Residenzstadt Weimar im Jahre 1774/75
- Dauer: 3–4 Tage
- Ablauf:
  1. Informationen zur historischen Situation Weimars (Hörtext)
  2. Vorbereitung des Rollenspiels „Audienz beim Herzog“
  - Einteilung in fünf Gruppen: Herzog, Adel, Kaufleute, Lehrer, Bauern
  - Informationen durch Rollenkarten für die Gruppen
  - Herzog: Vorlegen eines Fünf-Punkte-Rettungsplans für sein Land
  - andere Interessengruppen: Formulieren von Forderungen an Herzog zur Verbesserung ihrer Lage
  3. Durchführung des Rollenspiels
  - Spiel in Weimar in historischer Kleidung im Festsaal des Schlosses
  - Kosten (Kostüme, Schloss, Materialien) und Betreuung durch Stiftung

Ein ungewöhnliches Unterrichtsprojekt dient den Schülerinnen und Schülern der Klasse 9 zur Vorbereitung eines Besuchs in Weimar. …

Zitieren

!

Ein **direktes** (wörtliches) **Zitat** ist die wörtliche, buchstabengetreue Wiedergabe eines Textes. Es muss in **Anführungszeichen** gesetzt werden, Auslassungen werden durch drei Punkte in einer eckigen Klammer gekennzeichnet. Zitate sollten mit einem **einleitenden Satz** in den eigenen Text eingebunden werden, z. B.:
Cathleen sagte über das Projekt: „Es ist spannend, Geschichte so zu erleben."
Ein **indirektes** (nicht wörtliches, sinngemäßes) **Zitat** ist die sinngemäße Wiedergabe von Textaussagen, z. B.:
Cathleen sagte über das Projekt, es sei spannend, Geschichte so zu erleben.
Cathleen sagte über das Projekt, dass es sehr spannend ist (sei), Geschichte so zu erleben.
Bei beiden Formen ist eine exakte **Quellenangabe** erforderlich.

1

a Lies folgenden Bericht aus einer Online-Schülerzeitung.

Startseite
http://www.schuelerzeitung-busch.de

Startseite
Über uns
Termine
Bilder
aktuelle Ausgabe
Kontakt

Der Herzog gewährt Audienz

Im letzten Monat bereitete sich die Klasse 9 a auf eine Exkursion nach Weimar vor. Wir wollten am Projekt der Stiftung „Weimarer Klassik" teilnehmen, das den Titel „Der Herzog gewährt Audienz" trägt. Wir hatten ja bereits in der vorigen Ausgabe dieses Projekt vorgestellt. Heute möchte ich darüber berichten, wie es uns denn nun gefallen hat.
Am ersten Tag bekamen wir Informationen über die historische Situation Weimars. Lukas fand das nicht so toll, da der Vortrag sehr theoretisch war. Er sah aber ein, dass wir sonst gar nichts über die geschichtlichen Hintergründe erfahren hätten. Das waren aber nötige Hintergrundinformationen für das Rollenspiel!
Am zweiten Tag bereiteten wir das Rollenspiel vor. Obwohl es fünf Gruppen gab, gelang es nicht jedem, in seine Lieblingsgruppe zu kommen. Tom meinte aber, dass das kein Problem war: „Ich war in der Gruppe der Kaufleute. Lieber wäre ich einer der Herzöge gewesen. Aber dann habe ich festgestellt, dass mir diese Rolle richtig Spaß gemacht hat."
Die meisten begeisterten Rückmeldungen gab es natürlich zum dritten Tag, als wir das Rollenspiel durchgeführt haben:
„Schon das Aussuchen der Kleider war spannend, da die richtige Größe gefunden werden musste. Und dann der Weg mitten durch die Innenstadt von Weimar zum Schloss ..." (Michelle)
„Wir gingen als Paare, alle haben geschaut und wollten uns fotografieren. Und dann im Schloss, im Festsaal, wollten wir eigentlich alleine sein, aber letztlich störten uns die vielen Zuschauer auch nicht mehr. Wir waren wie in einer anderen Zeit und einer anderen Welt." (Ben)
Cathleen fand, dass es ein sehr spannendes und oft sehr lustiges Projekt war. Und Chris gestand, dass er „noch nie in Weimar war, aber die Atmosphäre, die vielen Touristen und besonders unser Auftritt im Schloss haben mich begeistert".
Ich möchte mich im Namen der Klasse 9 a bei allen bedanken, die uns bei diesem Projekt begleitet und zum Gelingen beigetragen haben! Und ich möchte allen empfehlen, sich an diesem interessanten Projekt zu beteiligen, das für die Klassenstufen 7 bis 10 gedacht ist.

Florian Specht

TIPP
Wiederhole zuerst, wie man Quellen exakt angibt.

b Schreibe für eure Schülerzeitung einen kurzen Beitrag, in dem du die Beteiligung an einem solchen Projekt empfiehlst. Begründe deine Empfehlung mithilfe von Zitaten aus dem Bericht. Nutze bei der Quellenangabe das heutige Datum.

Wortbedeutung

! In unserer Sprache sind viele **Wörter mehrdeutig**, d. h., sie haben zwei oder mehrere Bedeutungen und bezeichnen so verschiedene Tätigkeiten, Gegenstände oder Eigenschaften. Mehrdeutige Wörter werden bei der Verwendung in einem Text durch den dabei entstehenden Zusammenhang mit anderen Wörtern, d.h. durch den **Kontext**, eindeutig.

Wortbedeutungen erfassen

TIPP
Schlage gegebenenfalls in einem Wörterbuch nach.

1

a Welche verschiedenen Bedeutungen können die folgenden Wörter haben?

1 Elle: *1. altes Längenmaß, 2.* ______

2 Absatz: ______

3 frisch: ______

4 hell: ______

5 laufen: ______

b Verwende die Bedeutungsvarianten der Wörter in einem Satz oder einer Wortgruppe. Schreibe in dein Heft.

2

a Die unterstrichenen Wörter können zwei unterschiedliche Bedeutungen haben. Benenne diese und erkläre sie durch ein Synonym.

1. ______

______

2. ______

______

3. ______

______

1 Lehrerin zu ihrem Kollegen: „Warum stehen denn hier schon wieder so viele <u>Ordner</u> rum?"
Er: „Erinnern Sie sich nicht? Im vergangenen Jahr gab es doch diese Schlägerei."

2 Der berühmte Opernstar beschwert sich bei seiner Managerin: „Ich halte diesen <u>Rummel</u> einfach nicht mehr aus!"
Sie: „Verständlich. Solange die Kirmes dauert, werden wir Ihnen ein ruhiges Zimmer beschaffen."

3 Wer ist der beste Baumeister?
Der Dummkopf – dem <u>fällt</u> nie etwas <u>ein</u>.

●●● b Versuche, selbst einen kurzen Text zu schreiben, in dem ein Wort in mehreren Bedeutungen vorkommt.

______

______

______

______

Sprachvarianten

!

Bezeichnungen für bestimmte Gegenstände, Tätigkeiten usw. in Berufen, Wissenschaften, Unterrichtsfächern und speziellen Lebensbereichen (Interessen/Hobbys) werden als **Fachsprache** oder **Fachwortschatz** zusammengefasst. **Fachwörter** bezeichnen einen Sachverhalt kurz, genau und eindeutig. Sie sind Ausdruck von Spezialwissen bestimmter Gruppen von Menschen.

1

Fachsprache untersuchen

a Die folgenden Fachwörter entstammen drei verschiedenen Fachbereichen. Ordne sie in die Tabelle ein und suche Oberbegriffe.

TIPP
Überlege, wo du die Bedeutung der Wörter gegebenenfalls nachschlagen könntest.

Eckball – Elfmeter – dünsten – Foul – Rhythmus – garen – Filet – Stollen – Bass – Fankurve – Marinade – Drums – Soul – Libero – Latte – blanchieren – Strafstoß – Heavy Metal – Beat – ablöschen – Sound

b Wähle eine Spalte der Tabelle aus und erkläre die Fachbegriffe. Nimm gegebenenfalls Synonyme bzw. Ober- und Unterbegriffe zu Hilfe. Schreibe in dein Heft.

c Schreibe zehn Wörter auf, die zum Fachwortschatz „Schule" gehören.

TIPP
Überlege, wo du gegebenenfalls nachschlagen könntest.

Neustrelitzer Schlosskirche

2 Verbinde die Fachwörter aus dem Bereich „Architektur von Kirchen" mit der richtigen Erklärung.

1	Krypta	A	Unterbau einer Säule
2	Mittelschiff	B	mittlerer Teil einer Säule
3	Empore	C	Säulenkopf
4	Kapitell	D	unter dem Altar liegender Raum, ursprünglich Grabstätte
5	Schaft	E	für die Sänger bestimmter Platz nahe dem Altar
6	Schwalbennestorgel	F	innen angebautes, zum Innenraum hin offenes, galerieartiges Obergeschoss
7	Basis	G	große repräsentative Tür, großes Tor
8	Portal	H	mittlerer Teil einer Kirche
9	Rosette	I	Orgel in Form eines Schwalbennestes im erhöhten Mittelschiff
10	Chor(-raum)	J	kreisrundes Fenster über dem Haupteingang

3 Die folgenden Wörter sind dem Fachwortschatz der bildenden Kunst entnommen. Kläre ihre Bedeutung.

1 Ölmalerei: ____________________

____

2 Aquarell: ____________________

____

3 Pastell: ____________________

____

4 Grafik: ____________________

____

5 Skizze: ____________________

____

●●● **4** Schreibe drei weitere Fachbegriffe aus der bildenden Kunst auf und erkläre sie.

____

____

____

Groß- und Kleinschreibung

Nominalisierungen/Substantivierungen

!

Die häufigsten Fehler bei der **Groß- und Kleinschreibung** treten in folgenden Bereichen auf:

- bei nominalisierten/substantivierten Verben und Adjektiven, z. B.: *beim Lesen, das Schöne,*
- bei der Schreibung von Superlativen, z. B.: *am lautesten,*
- bei festen Wendungen, z. B.: *im Wesentlichen, im Grunde,*
- bei der Angabe von Tageszeiten, z. B.: *gestern Mittag, morgens,*
- bei geografischen Eigennamen auf *-er* und *-isch*, z. B.: *Thüringer Wald, Mecklenburgische Seenplatte.*

Rechtschreibhilfe: Regeln anwenden

1 Schreibe die folgenden Sätze in der richtigen Groß- und Kleinschreibung auf.

IM DEUTSCHEN WERDEN NOMEN/SUBSTANTIVE UND EIGENNAMEN GROSSGESCHRIEBEN. ALLE ANDEREN WORTARTEN, Z.B. VERBEN (LAUFEN) UND ADJEKTIVE (SCHNELL), SCHREIBT MAN KLEIN. JEDE WORTART KANN ABER NOMINALISIERT/SUBSTANTIVIERT WERDEN (BEIM LAUFEN, ETWAS SCHNELLES). DAS NACHSCHLAGEN VON REGELN IST BEI UNSICHERHEITEN ZU EMPFEHLEN.

Achtung, Fehler!

2 Was ist im folgenden Zungenbrecher ein Nomen/Substantiv und was ist ein Verb? Schreibe den Zungenbrecher in richtiger Groß- und Kleinschreibung auf.

Wenn grillen grillen grillen, grillen grillen grillen.

1. nomin. Adj.

3

a Prüfe in den folgenden Sätzen, welche Schreibweise die richtige ist. Streiche die falsche Schreibung durch. Bei Unsicherheiten schlage im Wörterbuch nach.

1 Das ~~rot~~/Rot gefällt mir gar nicht.
2 Sein zögern/Zögern brachte ihn in große Schwierigkeiten.
3 Im Westen nichts neues/Neues.
4 Gestern nacht/Nacht hörten wir lautes schreien/Schreien.
5 Ich habe viel interessantes/Interessantes und lustiges/Lustiges erlebt.
6 Es gibt nichts gutes/Gutes, außer man tut es.
7 Irgendwo im atlantischen/Atlantischen Ozean lebt der gefährliche Weiße Hai.
8 Dieser Film ist ein muss/Muss.
9 Im wesentlichen/Wesentlichen kann ich deinen Standpunkt teilen.
10 Das für und wider/Für und Wider musst du natürlich genau abwägen.

Rechtschreibhilfe: Begleitwörter suchen
Rechtschreibhilfe: Regeln und Proben anwenden

b Unterstreiche die Wörter, die darauf hinweisen, dass es sich um ein Nomen/Substantiv handelt.

c Formuliere die Rechtschreibregel zu jedem Satz und schreibe sie in die Randspalte.

4 Schwierig ist die Schreibung von Verbindungen mit *Schuld, Angst, Ernst, Not*.

a Schlage die Stichwörter in einem Wörterbuch nach. Welche Informationen bekommst du zur Schreibweise? Notiere dir Wichtiges.

b Bilde sinnvolle Sätze mit folgenden Wortgruppen.
Entscheide dich für die richtige Schreibung.

1 schuld/Schuld sein **2** angst/Angst haben **3** not/Not leiden
4 ernst/Ernst machen

Getrennt- und Zusammenschreibung

!

In der Regel werden Wörter getrennt geschrieben. Oft entscheiden **Betonung** und **Bedeutung** über die Getrennt- oder Zusammenschreibung:

- **erster Bestandteil betont** → Zusammenschreibung, z. B.: *hineinlaufen, fehlschlagen,*
- **beide Bestandteile betont** → Getrenntschreibung, z. B.: *hinterher laufen, gut gehen,*
- bei **übertragener Bedeutung** → Zusammenschreibung, z. B.: *gutgehen* (wohlfühlen),
- Verbindungen mit ***bleiben*** und ***lassen*** → Getrennt- oder Zusammenschreibung, z. B.: *stehen lassen* und *stehenlassen* (versetzen),
- Verbindungen mit ***sein*** → Getrenntschreibung, z. B.: *bekannt sein, verloren sein,*
- Verbindungen aus **Verb + Verb** → Getrenntschreibung, z. B.: *einkaufen gehen, schwimmen lernen,*
- Verbindungen aus **Adjektiv + Verb** → Getrenntschreibung, z. B.: *laut sprechen,*
- Verbindungen aus **Nomen/Substantiv + Verb** → Getrenntschreibung, z. B.: *Rad fahren, Ski laufen, Auto fahren*
  (**Ausnahmen**: *eislaufen, heimfahren, irreführen, kopfrechnen, kopfstehen, leidtun, nottun, preisgeben, standhalten, stattfinden, stattgeben, teilhaben, teilnehmen).*

Verbindungen mit undeklinierbaren Wörtern

1

a Bilde Zusammensetzungen und schreibe sie auf.

vorbei – empor – voran – zurück – weiter – voran
treiben – entwickeln – laufen – steigen – gehen – treten

b Verwende die Zusammensetzungen in sinnvollen Wortgruppen. Markiere anschließend in den Zusammensetzungen die Betonung.

TIPP
Ändert sich die Betonung, dann ändert sich auch die Bedeutung.

2 Die Betonung in folgenden Verben kann auf dem ersten oder zweiten Bestandteil des Wortes liegen. Erkläre die Bedeutung mithilfe eines Beispiels.

1 durchbrechen – einen Ast durchbrechen

durchbrechen – eine Regel durchbrechen

2 übersetzen ______

übersetzen ______

3 unterstellen ______

unterstellen ______

4 umfahren ______

umfahren ______

●●● **3** Bei Verbindungen mit *bleiben* und *lassen* kann die Schreibweise das schnelle Erfassen der jeweiligen Bedeutung erleichtern.

a Bilde Verbindungen mit *bleiben* und *lassen* und den folgenden Verben. Verwende sie in Wortgruppen. Überlege jeweils, ob du getrennt oder zusammenschreibst.

sitzen – gehen – steigen – liegen – stehen

1. uns noch eine Weile hier sitzen lassen, die Freundin sitzenlassen;

b Fasse zusammen, in welchen Fällen man sich für Zusammenschreibung entscheiden sollte.

Verbindungen mit *sein*

4

a Bilde sechs Wortgruppen mit *sein*.

fertig sein,

Verbindungen mit *irgend-*

b Schreibe möglichst viele Verbindungen mit *irgend-* auf. Nutze gegebenenfalls ein Wörterbuch.

____

____

____

____

c Bilde fünf Sätze, in denen du Wortgruppen und Verbindungen aus den Aufgaben a und b verwendest.

____

____

____

____

____

____

____

d Formuliere die Regeln zur Schreibung von Verbindungen mit *sein* und mit *irgend-*.

Fügungen mit „sein" ______________________________

____

Fügungen mit „irgend-" ______________________________

____

Häufig vorkommende Wörter einprägen

5 Setze die folgenden Verben sinnvoll ein.

irreführen – preisgeben – leidtun – stattgeben

1 Dem Einspruch der Verteidigung wird vom Gericht ______________________________.

2 Sein Geheimnis kann er auf keinem Fall ______________________________.

3 Sie will uns mit ihrem Geschwätz nur ______________________________.

4 Sein Verhalten wird ihm noch ______________________________.

6 Formuliere folgende Wortgruppen in Zusammensetzungen um.

1 zu jeder Zeit – ______

2 viele Kilometer weit – ______

3 einen guten Rat suchend – ______

4 drei Stunden lang – ______

5 für die Gesundheit schädlich – ______

6 frei von Steuern – ______

7 bedrohlich für das Leben – ______

8 ein großes Aufsehen erregendes Ereignis – ______

______

Eröffnungsfeier der Olympischen Spiele 2012 in London

TIPP
Streiche die eingesetzten Wörter durch.

7

a Vervollständige den Lückentext mit den folgenden Wörtern.

Besorgnis erregend – schlussfolgert – herangezogen – herausfordern – lautstark – irremachen – schwarzsehen – Maß halten – durchgehen lassen – hoch motiviert

Die ständige Unruhe in der Klasse 9 b beschäftigt das Kollegium: Einige Lehrer halten den Lärm für *Besorgnis erregend* und betonen, viele Schüler könnten nicht ______. Einige wären derart ______, dass sie den Rest der Klasse ganz ______. Andere Lehrer dagegen meinen, man dürfe nicht so ______. Herr Fröhlich z. B. hält die Klasse für ______ und berichtet, er habe sie zur Unterrichtsplanung ______, dabei hätte sie großes Engagement gezeigt. Er ______, man müsse die Klasse nur durch interessante Aufgaben ______ und dürfe nicht alles ______.

TIPP
Schlage gegebenenfalls in einem Wörterbuch nach.

b Einige der Wörter kann man getrennt oder zusammenschreiben. Markiere diese.

Fremdwörter

! **Fremdwörter** sind Wörter, die aus einer anderen (fremden) Sprache übernommen wurden und sich in Lautung, Schreibung und Flexion unserer Sprache **noch nicht angepasst haben**. Viele Wörter kommen aus dem Lateinischen, Griechischen, Französischen und Englischen. Der Einfluss der englischen Sprache ist gegenwärtig am größten, der der französischen geht zurück. **Typische Buchstabenkombinationen** sind z. B.:

- im Französischen: *age, aill, é, eau, oi, ou,*
- im Englischen: *ea, eau, igh, ity, oo, ou, y.*

Fremdwörter aus dem Französischen und Englischen

1

a Lies den folgenden Text von Bastian Sick. Unterstreiche alle Fremdwörter aus dem Französischen blau, aus dem Englischen rot.

Wo lebt Gott eigentlich heute?

Als Gott noch in Frankreich lebte, nährte sich unsere Sprache hauptsächlich von französischen Begriffen. Das war schick und en vogue. Heute ist Französisch „uncool“, wenn nicht gar „out“. Man sagt Date statt Rendezvous, Model statt Mannequin, Level statt Niveau.

Gott lebt heute in Miami und genießt kalifornischen Chardonnay.

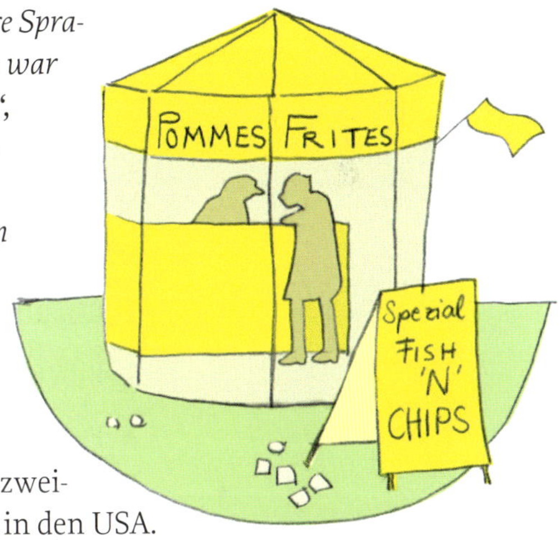

Mireille Mathieu wusste 1972 noch zu singen: „Gott lebt in Frankreich, denn Frankreich ist schön.“ Und niemand hätte ihr damals widersprochen.

Und heute? Frankreich ist immer noch schön, zweifellos, aber Gott ist umgezogen. Er wohnt jetzt in den USA. Vermutlich im Rentnerparadies Miami oder im beschaulichen Santa Barbara. Wie ich darauf komme? Unsere Sprache liefert genügend Indizien dafür! Einst war das Deutsche mit französischen Ausdrücken gespickt. Denn bevor die Deutschen ihre Antennen ganz und gar auf die USA ausrichteten, kamen die wichtigsten kulturellen – und somit auch sprachlichen – Impulse aus Frankreich. Als Gott noch in Frankreich lebte, da wusste noch jeder, was „Savoir-vivre“ und „Laisser-faire“ bedeuten. Heute dreht sich alles um „Lifestyle“, und aus dem Laissez-faire-Prinzip wurde „Take it easy!“. Was früher „en vogue“ war, ist heute „trendy“, und eine Mode, die irgendwann „passé“ war, ist heute „out“. Wer auf dem Laufenden war, der war mal „à jour“, und wenn er einverstanden war, dann war der „d'accord“. Heute ist er „up to date“ und gibt sein „Okay“. Und wer im Fahrstuhl jemandem auf die Füße tritt, der sagt nicht mehr „Pardon!“, sondern murmelt nur noch „Sorry!“ – wenn überhaupt.

Wem passiert noch ein veritables Malheur? Heute sagt man achselzuckend: „Shit happens!“ Und der Grand Prix Eurovision de la Chanson nennt sich neuerdings auch bei uns Eurovision Song Contest. Wenn irgendwann auch die französische Punktezählung abgeschafft wird („L'Allemagne deux points“), dann ist der Sieg der englischen Sprache komplett. Adieu la France, oder genauer gesagt: Bye, bye!

Als Gott noch in Frankreich lebte, trafen sich Verliebte noch zum Rendezvous, heute haben sie ein Date. In so mancher Familie (neudeutsch auch schon mal „family“ genannt) wird der Vater nicht „Papa“ oder „Pa“ gerufen, sondern „Daddy“ oder „Dad“. [...]

b Ordne sechs Beispiele aus dem Text in die Tabelle ein. Ergänze ebenfalls die deutsche Bedeutung.

Französisch	Englisch	Deutsch
Rendezvous	Date	Verabredung

c Notiere für die folgenden französischen Fremdwörter die heute weitaus häufiger genutzten englischen Wörter.

1 Chauffeur – ____________ **4** Coupon – ____________

2 Billett – ____________ **5** Boutique – ____________

3 Foyer – ____________ **6** Dessous – ____________

Fremdwörter aus dem Englischen auf *-y*

Achtung, Fehler!

2

a Was ist hier richtig, was falsch? Lies folgenden Text.

Es waren einmal drei englische Ladys mit gleichen Hobbys. Sie sammelten alte Pennys, besuchten Derbys und Wohltätigkeitspartys, züchteten Guppys und hatten eine Schwäche für stramme Bobbys und rührselige Shantys. Es gab nur eines, vor dem sie sich zutiefst fürchteten: Rowdies! Die in Cities lebten und nachts aus den Gullies krochen, um armen Babies die Teddies wegzunehmen.

b Erkläre die unterschiedliche Schreibung der Fremdwörter aus dem Englischen, die auf *-y* enden.

____

____

c Recherchiere, welche Schreibweise der Fremdwörter bei Pluralbildungen im Deutschen richtig ist, und ergänze den folgenden Merksatz.

Bei Fremdwörtern aus dem Englischen, die auf *-y* enden, wird im ____________ ein ________ angehängt. Das *-y* bleibt ____________.

3 Stelle in deinem Heft eine Liste mit Fremdwörtern aus dem Englischen zusammen, die du häufig nutzt. Denke an unterschiedliche Bereiche, z. B. Mode, Sport, Musik.

Gewusst wie: Mit Rechtschreibprogrammen arbeiten – Regeln nachschlagen

!

Rechtschreibprogramme sind eine nützliche Hilfe, um Rechtschreib- oder Flüchtigkeitsfehler in Computertexten zu markieren bzw. zu korrigieren, obwohl sie einige **Schwächen** aufweisen. Das betrifft vor allem folgende Bereiche:

- Groß- und Kleinschreibung (z.B.: **schnelles laufen*),
- Getrennt- und Zusammenschreibung (z.B.: **Bahn Fahrt*),
- Unterscheidung von *das* und *dass* und
- Kommasetzung.

Hier hilft das **Nachschlagen der Regeln** in einem Wörterbuch. Die Regeln findet man im Regelteil eines Wörterbuches (z. B. im Duden) vor dem Wörterverzeichnis.

* kennzeichnet fehlerhafte Schreibungen

1

a Kannst du den folgenden Text lesen? Versuche es.

Gmäeß eneir Sutide eneir elgnihcesn Uvinisterät ist es nchit witihcg, in wlecehr Rneflogheie die Bstachuebn in eneim Wrot snid, das Ezniige, was wcthiig ist, ist, dsas der estre und der leztte Bstabchue an der ritihcegn Pstoiion sehten. Der Rset knan ttoaelr Bsinöldn sien, todzterm knan man ihn onhe Pemoblre lseen. Das legit daarn, dsas wir nihct jeedn Bstachuebn enzelin leesn, snderon das Wrot als Gnaezs.

b Notiere in Stichpunkten, was du von den Ergebnissen der Studie hältst. Überlege auch, ob eine verbindliche Rechtschreibung trotzdem wichtig ist. Begründe deine Meinung.

c Erkläre, welche Bereiche der deutschen Rechtschreibung du als besonders schwierig empfindest.

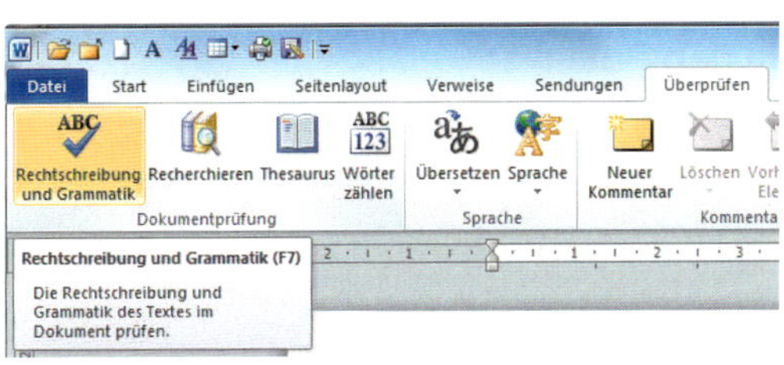

d Schreibe den Text mithilfe des Computers richtig ab und überprüfe eventuelle Fehler mithilfe des Computers. Klicke im Menü „Extras“ bzw. „Überprüfen“ auf „Rechtschreibung und Grammatik“. Klicke abschließend auf „Ändern“.

2

a Markiere im folgenden Text alle Wörter durch Schrägstriche.

Nach|dem|zweiten|weltkriegschnapptensichderingenieurD'
Ascanioundderflugzeugkonstrukteurpiaggioeinenanlasse
rauseinemflugzeugundtüfteltenundbasteltendaranherum.
herauskameinmotorroller–dievespa.siezähltzudenbeliebt
estenrollertypenweltweit.liebhaberherzenschlagenhöher
beidemgeräuschdesmotorsdemgeruchvonzweitakterölund
deroptik.dasistmeinpaperinosollD'Ascaniogesagthaben.pi
aggiomeintedersiehtauswieeinevespa.daseineheißtentche
ndasanderewespe.letzterespasstwohleher:mitihrenrundun
gendemprallenhinterteilundderschlankentailleähneltder
rollereinerwespe.1946kamdieerstevespaaufdenmarkt.diew
elleschwapptenatürlichauchaufdeutschlandüber.vorallem
diemädchenschätztenessehrdassmandenrollerauchimrock
fahrenkonnte.dasitalienischeunternehmenpiaggiobautese
ithermillionenmaldiesenklassikerderinzwischenlängstku
ltstatuserreichte.

b Schreibe den Text mit dem Computer in richtiger Groß- und Kleinschreibung. Setze dabei auch alle Kommas und Anführungszeichen.

c Überprüfe, ob du alle Wörter richtig geschrieben hast oder ob dir Tippfehler unterlaufen sind. Orientiere dich zuerst an den Markierungen des Rechtschreibprogramms.

Rechtschreibhilfen: Regeln nachschlagen und anwenden

d Suche nach möglichen Fehlern, die das Programm dir nicht anzeigt. Korrigiere sie.

e Die Namen *Piaggio* und *Vespa* sind als fehlerhaft markiert, obwohl sie richtig geschrieben sind. Begründe, warum das so ist.

____

____

3 Manche Rechtschreibprogramme markieren einzelne Wörter andersfarbig, z. B. blau oder grün. Notiere, warum diese Wörter gesondert markiert werden.

____

____

____

4 Im Duden findest du ca. 140 000 Wörter. Täglich kommen in unserer Sprache neue Wörter hinzu, weil sie unterschiedlichen Einflüssen unterliegt.

→ http://www.duden.de

a Welchen Weg nimmt ein neues Wort, um in den Duden zu gelangen?
Informiere dich hierzu auf der Homepage des Dudenverlags. Klicke dazu in der oberen Menüleiste auf „Duden online“.

b Nach deiner Recherche beantworte folgende Fragen schriftlich.

1 Welche Einflüsse bereichern unseren Wortschatz?

2 Was ist das Dudenkorpus?

3 Welche Aufgaben hat die Dudenredaktion?

c Erkläre folgende Wörter. Überlege, welches Nachschlagewerk dir behilflich sein könnte.

Herdprämie

guttenbergen

spritdurstig

Gewusst wie: Fehlerschwerpunkte in Bewerbungen erkennen – Fehler vermeiden

Achtung, Fehler!

1 Das folgende Bewerbungsschreiben enthält 20 Rechtschreib- und Kommafehler. Kennzeichne alle Fehler farbig und berichtige sie anschließend in der Randspalte.

Lisa Meyer
Musterstr. 12
12345 Musterhausen

28. Mai 2015

Ihre Anzeige in der Magdeburger Volksstimme vom 26. 05. 2015

sehr geehrte Damen und Herren

ihrer Anzeige entnehme ich, dass Sie Auszubildene in Ihrer Praxis einstellen. Hiermit bewerbe ich mich um einen von ihnen angebotenen Ausbildungsplatz als Physiotherapeutin.
Im Juli 2015 werde ich die Schule vorausichtlich mit einem guten Realschulabschluss verlassen. Im September letzten Jahres absolvierte ich bereits ein Praktikum in einer Reha-Klinik. Seid dieser Zeit hat sich mein Berufswunsch verstärkt. In den letzten Monaten habe ich mich intensiev mit dem Berufsbild des Physiotherapheuten befast. Ich helfe Anderen Menschen sehr gern das konnte ich auch schon oft unter beweis stellen. Falls Sie noch Fragen haben können sie mich unter meiner Email-Adresse erreichen.
Über ein Vorstellungsgespräch bei ihnen würde ich mich sehr freuen.

Ich bedanke mich im voraus für ihre Mühe!

Mit freundlichen Grüssen

Lisa Meyer

2 Überlege und notiere in Stichpunkten, welche Rechtschreibfehler am häufigsten auftreten. Notiere, auf welche Fehlerschwerpunkte du besonders achten willst.

Teste dich selbst!

Der folgende Test hilft dir herauszufinden, was du schon sicher kannst und was du noch üben musst. Folgende Bereiche kannst du überprüfen:

A Texte verstehen (Aufgaben 1–4)	ca. 30 min	/ 21 P.
B Grammatik (Aufgaben 5–11)	ca. 25 min	/ 34 P.
C Rechtschreibung (Aufgaben 12–20)	ca. 30 min	/ 47 P.
D Texte schreiben (Aufgabe 21)	ca. 60 min	/ P.
Insgesamt:	ca. 145 min	/ P.

Den Bewertungsmaßstab für Teil D müsst ihr in der Klasse festlegen.
Bevor du mit der Bearbeitung der Aufgaben beginnst, lies die Aufgabenstellungen genau. Trage in die Kästchen deine erreichte Punktzahl ein.

Entscheidet das Gehirn über unser Gewicht?

Die Zahl der übergewichtigen Menschen steigt weltweit stetig an. Anderthalb Milliarden gelten als zu dick, eine halbe Milliarde sogar als fettleibig. Die meisten Übergewichtigen sind in den USA zu Hause: Dort sind 72 Prozent der Männer und 64 Prozent der Frauen zu dick. Aber auch in Deutschland sind die Zahlen alarmierend, denn hier leben 60 Prozent übergewichtige Männer und 45 Prozent dicke Frauen. Und diese Entwicklung macht vor dem Nachwuchs nicht halt: Schon jedes dritte Kind weltweit ist zu dick. Angesichts dieser schockierenden Zahlen ist die Frage nach dem Warum nicht weit. Sind all diese Menschen nur undiszipliniert und esssüchtig? Oder gibt es Faktoren, die unser Essverhalten beeinflussen und die es zu durchbrechen gilt?

Wissenschaftler haben festgestellt, dass **Stress** einen Hauptfaktor für das Dickwerden darstellt. In Stresssituationen wird vom menschlichen Körper eine unglaubliche Leistung abverlangt, insbesondere vom Gehirn. In normalen Situationen beansprucht unser Gehirn ca. die Hälfte des täglichen Glukosebedarfs. In stressigen Phasen jedoch steigt dieser Bedarf auf ca. 90 % an. Deshalb fordert unser Gehirn zusätzliche Nervennahrung, allem voran Zucker als Energiequelle. Also isst der Mensch überwiegend Kohlenhydrate und Zucker, um den Stress bewältigen zu können. Aber ein übermäßiger Verzehr führt unweigerlich zur Gewichtszunahme.
Wenn wir Menschen uns überwiegend von Kohlenhydraten, Zucker und Fetten ernähren, dann wirkt das Essen auf unser Gehirn wie eine **Droge**. Im Belohnungszentrum unseres Gehirns wird weniger vom Belohnungsstoff Dopamin ausgeschüttet, weshalb wir dann wie Drogensüchtige unsere tägliche Dosis des Suchtmittels, in diesem Fall Kalorien, erhöhen müssen, um eine Befriedigung zu erfahren.
Ein weiterer, aber entscheidender Faktor für das Dickwerden ist die Aufnahme der falschen Nahrung. **Chemische Stoffe**, wie Geschmacksverstärker, Weichmacher und sogar Pestizide im Essen, lösen im Gehirn falsche Signale aus, denn sie docken sich im Gehirn an und bringen den Energiestoffwechsel durcheinander. Diese Stoffe zwingen das Gehirn, immer mehr Kalorien einzufordern und somit den Körper auf Gewichtszunahme zu programmieren.

Sind wir nun alle dem Dickwerden ausgeliefert oder können wir uns bewusst für das Normalgewichtigsein entscheiden? Die Antwort darauf ist ziemlich einleuchtend:
1. Achten wir auf natürliche Lebensmittel in unserem Essen.
2. Vermeiden wir Stress und sorgen für eine ausgeglichene Work-Life-Balance.
3. Achten wir auf den richtigen, gesunden Anteil von Kohlenhydraten, Eiweißen und Fetten in unserer Nahrung. **Und vor allem: Bewegen wir uns mehr.**

A Textverständnis

4 P

1 Notiere das Hauptthema des Textes und die drei großen Teilthemen.

Hauptthema: ______

1. Teilthema: ______

2. Teilthema: ______

3. Teilthema: ______

5 P

2 Untersuche den Gedankengang im Text. Ergänze die folgende Übersicht.

Zu Beginn des Textes beschreibt die Autorin ______

↓

Im zweiten Abschnitt des Textes ______

↓

Der dritte Abschnitt des Textes beinhaltet ______

↓

Im vierten Abschnitt geht es um ______

↓

Zum Schluss ______

2 P

3 Markiere die im Text genannten Ursachen, warum unser Gehirn entscheidet, ob ein Mensch dick wird.

10 P

4 Fertige ein Schaubild zum Thema „Das Gehirn entscheidet über unser Gewicht“ in deinem Heft an. Nutze deine Vorarbeiten aus den Aufgaben 1 bis 3.

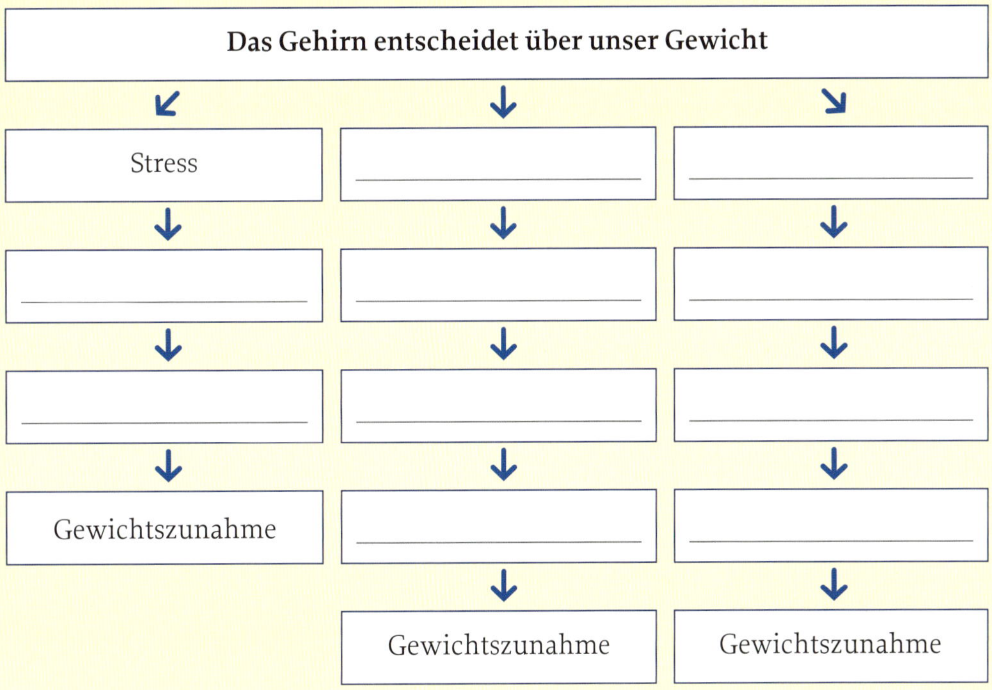

B Grammatik

5 P

5 Gib die folgenden Sätze in der indirekten Rede wieder.

1 „Richtige Ernährung bedeutet auch immer ausgewogene Ernährung.“

____

2 „Damit verringert sich die Gefahr der einseitigen Belastung mit Schadstoffen.“

____

____

3 „Eine Balance soll sich über einen längeren Zeitraum ergeben.“

____

4 „Viele Menschen sehen die Notwendigkeit einer Ernährungsumstellung ein.“

____

____

5 „Die Umsetzung dieses guten Vorsatzes fällt den meisten aber sehr schwer.“

____

____

	6 P

6 Gib Ratschläge für eine gesunde Ernährung. Verwende dabei die folgenden Verben im Imperativ. Schreibe sechs kurze Sätze.

zurückhalten – auswählen – frühstücken – essen – trinken – naschen

	5 P

7 Formuliere die Sätze als allgemeingültige Regeln in unpersönlicher Ausdrucksweise um. Nutze dazu das Vorgangspassiv.

1 Für eine Ernährungsumstellung musst du dem Körper genug Zeit geben.

2 Zuerst solltest du kleinere Veränderungen festlegen.

3 Lass zunächst leicht ersetzbare Nahrungsmittel weg.

4 Ersetze Süßigkeiten durch frisches Obst und Gemüse.

5 Finde selbst heraus, was dir gut bekommt.

4 P

8 Ermittle mithilfe der Umstellprobe die Satzglieder bzw. die Satzgliedteile und bestimme diese. Trenne die Satzglieder durch senkrechte Striche ab.

1 Manche Menschen schlemmen mehrmals am Tag.

____

2 Trotzdem bleiben sie schlank.

____

3 Andere sitzen vor Salat und Mineralwasser.

____

4 Sie können nur mühsam ihr Gewicht halten.

____

3 P

9 Unterstreiche in den Sätzen die Infinitivgruppen und setze, wenn notwendig, die fehlenden Kommas.

1 Inzwischen glauben Ernährungswissenschaftler daran das Rätsel um diese Unterschiede zu kennen.
2 Sie forschen intensiv um den Zusammenhang von genetischen Anlagen, frühen Prägungen, späterer Ernährung und Bewegung zu erkennen.
3 Doch es ist schwierig die unterschiedlichen Theorien zu beweisen.

3 P

WORTLISTE
deshalb – denn – und – deswegen

10 Verbinde mithilfe der Wörter aus der Wortliste die Sätze zu Satzreihen (Parataxen). Setze, wenn erforderlich, die fehlenden Kommas.

1 Für den menschlichen Körper ist jede Nahrungsreduktion ein Kampf ums Überleben. Der Energieverbrauch wird drastisch gedrosselt.

____

____

2 Für Abnehmwillige beginnt eine schwierige Zeit. Der Erfolg bemisst sich auf wenige Gramm pro Tag.

____

____

3 Nach dem Ende einer Diät schaltet der Körper sofort wieder um. Er sorgt für einen schnellstmöglichen üppigen Fettvorrat.

____

____

8 P

11 Rahme in den Sätzen die finiten Verbformen ein, setze die fehlenden Kommas (1 Punkt pro Satz) und zeichne die Satzbilder (1 Punkt pro Satz).

1 Immer wieder bestätigen Untersuchungen dass Kalorienreduktion und Bewegung die Pfunde purzeln lassen.

____

2 Täglich eine halbe Stunde Bewegung die intensiv sein sollte ist für jeden möglich.

____

3 Eine Ernährungsumstellung ist ein langfristiges Programm das aus vielen Zielen besteht die Schritt für Schritt umgesetzt werden müssen.

____

4 Damit eigenes Essverhalten untersucht werden kann hilft manchmal ein Ernährungsbuch in das eine Zeit lang jeder Bissen und jeder Schluck eingetragen werden.

____

C Rechtschreibung

9 P

12 Füge *s*, *ss* oder *ß* ein. (Für jedes richtig ergänzte Wort gibt es einen halben Punkt.)

1 Hinwei_____e zum E_____verhalten:

2 Dem Hei_____hunger durch regelmä_____iges und genu_____volles E_____en vorbeugen!

3 Auf naturbela_____ene Ko_____t achten!

4 Viele Balla_____tstoffe zu sich nehmen!

5 Reichlich ungesü_____te Flü_____igkeiten trinken!

6 Fettarme, vitamin- und eiwei_____haltige Spei_____en bevorzugen!

7 Ma_____lo_____en Verzehr von Sü_____igkeiten vermeiden!

8 Aber ab und zu auch etwas „Ungesundes“ zula_____en und genie_____en!

2 P

13 *das* oder *dass*? Setze richtig ein und begründe deine Entscheidung.

Wissenschaftler haben festgestellt, da_____ da_____ Gehirn, da_____ bei Stress mehr Energie verbraucht, da_____ Essverhalten beeinflusst.

____

____

2 P

14 Schreibe aus dem Text von S. 73 zwei Sätze mit Nominalisierungen/Substantivierungen heraus. Unterstreiche die Begleitwörter der Nominalisierungen.

____

____

____

____

____

____

3 P

15 *heiß hungrig* oder *heißhungrig*? Entscheide dich für die richtige Schreibung und begründe deine Entscheidung mithilfe einer Regel. Ergänze anschließend drei eigene Beispiele.

Schreibung: ____

Regel: ____

Beispiele: ____

5 P

WORTLISTE
durch/brechen – fest/stellen – durcheinander/bringen – stehen/bleiben

16 Getrennt oder zusammen? Ergänze das passende Verb in der richtigen Schreibung und die Regel.

1 Diese Entwicklung wird vor dem Nachwuchs nicht ____________________.

2 Wissenschaftler können Hauptfaktoren für das Dickwerden ____________________ ____________.

3 Gibt es Faktoren, die es zu ____________________ gilt?

4 Das Auslösen falscher Signale kann den Energiestoffwechsel ______________________________.

Häufig entscheiden Betonung und Bedeutung über Getrennt- und Zusammenschreibung. Liegt die Betonung auf dem ersten Bestandteil, dann wird ____________________.

4 P

WORTLISTE
Pestizide – Kalorien – Glukose – Kohlenhydrate

17 Schreibe das passende Fremdwort aus der Wortliste hinter die Erklärung.

1 wichtige Nahrungsbestandteile, z. B. in Kartoffeln: ____________________

2 Schädlingsbekämpfungsmittel: ____________________

3 Traubenzucker: ____________________

4 (alte) Maßeinheit für den Energiewert von Lebensmitteln: ____________________

1 P

18 Umschreibe mit deinen eigenen Worten, was du unter Work-Life-Balance verstehst.

3 P

19 Suche mindestens sechs weitere Fremdwörter aus dem Bereich „Ernährung“.

18 P

20 Schreibe die beiden Sätze in richtiger Groß- und Kleinschreibung auf. (Für jedes richtig geschriebene Wort gibt es einen halben Punkt.)

CHEMISCHEZUSÄTZEIMESSENKÖNNENUNSEREMGEHIRNETWASFALSCHESSIGNALIS
IEREN,DENSTOFFWECHSELDURCHEINANDERBRINGENUNDSOZUMDICKWERDENBEI
TRAGEN.
DURCHBEWUSSTESAUSWÄHLENNATÜRLICHERNAHRUNGSMITTEL,KONTROLLIERTES
ESSVERHALTENUNDRICHTIGESUMGEHENMITSTRESSLASSENSICHSOGARNEGATIVE
FOLGENVERMEIDEN.

D Texte schreiben

P

21 Setze dich erörternd mit der These „Übergewicht beginnt im Kopf“ auseinander. Nutze dazu den Text von S. 73. Schreibe eine kontroverse Erörterung in dein Heft.